岩 波 文 庫

33-677-1

人間の頭脳活動の本質

他 一 篇

ディーツゲン著
小 松 摂 郎 訳

岩 波 書 店

譯者のはしがき

この書は Das Wesen der menschlichen Kopfarbeit von Josef Dietzgen, 1869. の譯である。臺本としては全集版 Josef Dietzgens Sämtliche Schriften herausgegeben von Eugen Dietzgen, 1920. を使った。これは三册本であって、『人間の頭腦活動の本質』は第一巻に收められている。一九〇三年の版には Anton Pannekoek の序文がついているが、全集には收められていない。英譯・露譯もあるが、入手できなかった。山川均氏の邦譯『辯證法的唯物觀』(但し、英譯による、『改造文庫』) は參照した。

『論理學に關する手紙』(Briefe über Logik. Speziell demokratisch : proletarische Logik, 1880 bis 1883) は『頭腦活動』の補說の意味で加えた。ディーツゲンは一八八〇年から八四年にかけて息子のオイゲンに宛てて、二種の連續した手紙を書いた。その一つは論理學に關するもの、他は經濟學に關するものである (『全集』第二巻に收められている)。ここに譯出したのは、論理學に關するものの最初の八通である。尙、〔……〕は譯者が說明のため加えたものである。

譯文は平易を旨としたが、成功したかどうかわからない。誤譯等御指示を願いたい。

譯者註は、餘り多いと煩わしいので、少しにとどめた。

この譯が成るについては、粟田賢三氏が一部分を、青木靖三氏が全部を、原文と對照して檢討された。貴重な時間をさいて、煩わしい仕事を引受けられたことは感謝に堪えない。その他、神戸大學文科の加藤一郎、井上增次郎、小川政恭、三田博雄、淸水正德、陸井四郎の諸氏、經營學部の海道進氏には引用文その他について御教示をえた。小山弘健氏、鈴木平八郎氏からは參考書を借して頂いた。岩波書店の田村義也氏にもお世話になった。併せて御禮申し上げたい。

一九五二・三・一五

神戸において

小松攝郎

目　次

人間の頭脳活動の本質

まえがき

この著書と著者との個人的關係について、好意ある讀者と好意のない批評家とに對し、ここで若干說明しておくことは許されるであろう。私が豫想する差當っての非難は學識の缺如ということである。それは、直接に著作そのものにおいてよりも、むしろ間接に文章の行間に現れるであろう。私は自問する、お前の有名な先輩達のすべての著書にまだ精通していないのに、學問の英雄達、特にアリストテレス、カント、フィヒテ、ヘーゲル等によって扱われた問題に關する著作を公にすることは、いかにしてお前に許されるであろうか。お前はせいぜいとっくに成しとげられたことを繰返すだけではないか。

私は答える、哲學が科學の土地に播いた種子は、とっくに生育して實を結んでいる。歷史が產み出すものは、歷史的に發生し、發芽し、生長し、そして新しい形で永久に生き續けるために消失する。はじめの行爲、もとの仕事は、それを產み出した時代の諸〻の狀態及び關連との接觸においてのみ實り多いものである。しかし、その仕事もその核心を歷史に引渡してしまうと、ついには空虛な殼になる。過去の科學が產み出した積極的なものは、もはやその著者の文字の中には生きておらず、現在の科學のうちでその精神以上のもの、その血となり肉となっている。たとえば、物理學の成果を知り、それに加えて新しいものを產み出そうとするためには、豫めこの科學の歴史を研究し、從來發見された諸法則をその源泉から調べてかかる必要はない。むしろ反對に、集中された力は分割された力より必ずヨリ多くのことを成しとげるものであるから、歴史的研究は一定の物理學の課題の解決のためには妨げになるだけかも知れない。このような意味で、その他の知識の缺けていることは私にとっては有利であると思う。というのは、それだからこそ私の特殊の問題に徹底的に自分を捧げることができるからである。この問題を研究し、それについて現在知られているすべてのことを學ぶために、私は熱心に努力を重ねた。私は幼少の頃から緻密な、體系的な世界觀に對する要求から思索しはじめ、そしてついに人間の思惟能力の歸納的認識において滿足を見出したと思っているので、その限りにおいて哲學の歴史は私の一身において繰返されたと云ってもいい。

さて、私を滿足させたもの、そして私が述べようとしているものは、思惟能力の多樣な現象でもなく、多彩な樣式でもなく、そのごく一般的な形式、普遍的な本質である。從って私の問題は極めて單純且つ特殊であり、絶對に單一であるので、それをさまざまに敍述することは私にとって困難であり、屢〻同じことを繰返すのも殆んど避けえないところであった。同時に、精神の本質に關する問は通俗的な問題であり、專門の哲學者達によってだけではなく、科學一般によっても研究されているものである。またそれ故、科學の歴史がこの問題に寄與したところのものは、一般に現代の科學的觀念の中に生きている筈である。それで私はこの源泉で滿足していいであろう。

次に私は、この著作の著者であるにも拘らず、哲學の教授ではなく、本職は職人であることを告白しておきたい。それ故、「靴屋よ、お前の分際を守れ」という古い訓誡を私に與えたい人々には、私はカール・マルクスと共に次のように答える。「時計匠のワットが蒸氣機關を、理髪師のアークライトが紡績機械を、寶石細工師のフルトンが蒸氣船を發明した瞬間から、諸君の至上の (nec plus ultra) 手工業的な智慧は恐るべく馬鹿げたものとなった。(一)」私をこれらの偉大な人達の中に加えようとは思わないが、しかしこれらの先例は私が見習っていいものであろう。更にまた、私の問題の性質は、私がそれに屬することを、名譽とはしないまでも、滿足を感ずるところの階級と特別に關係がある。

私はこの著書において、思惟能力を一般者の器官として論ずる。支配階級がその特殊の階級的利害のために一般者を承認することを妨げられている限りにおいて、苦しんでいる第四階級即ち勞働階級がはじめてこの器官の眞の擔い手である。この制限は先ず何よりも人間關係の世界に關連するであろう。しかし、この關係が一般的な人間關係ではなく、階級關係である限りにおいて、事物に對する見解もまたこの制限された立場から制約を受けざるをえない。客觀的認識は主體が理論的な自由を持つことを前提とする。コペルニクスは、地球が運動し太陽が靜止しているのを見る前に、自分の地上の立場を度外視しなければならなかった。さて、思惟能力はすべての關係をその對象とするものであるから、自己自身を純粹に或は眞實に捉えるためには、すべてを度外視しなければならない。我々はすべてを思惟によってのみ把握するのであるから、純粹思惟、一般的思惟を認識するためには、我々はすべてを度外視しなければならない。人間が一つの制限された階級的立場に縛られている限り、この課題は餘りに困難であった。歴史的發展が、支配と隷屬との最後の對立を解消するため努力しうるに至ってはじめて、偏見から解放され、一般者における判斷、認識能力、頭腦活動を眞實に或は赤裸々に捉えることができる。大衆の直接的な一般的自由を眺めうる歴史的發展——この發展には歴史的前提があり、その問題については誤解が非常に多いであろうが——がはじめて、すなわち第四階級の新しい時代がはじめて、幽靈の信仰を無くし、あらゆるお化けの最後の創造者、純粋精神の正體を暴露することができる。第四階級の人間こそはついに「純粋の」人間である。彼の利害はもはや階級的利害ではなく、大衆の利害、人類の利害である。すべての時代において大衆の利益は支配階級の利害に結びつけられていたという事實、更に大衆がユダヤの長老、アジアの征服者、古代の奴隷所有者、封建貴族、同業組合の親方によって、特に近代の資本家達によって、更にその上資本主義的なケーザル達によって、絶えず抑壓されていたにも拘らず、というよりも抑壓されていたからこそ却って、人類は絶えず「進歩した」という事實——この事實はその終局に近づきつつある。過去の階級關係は必然的に一般的發展を促すことになった。今日ではこの發展は大衆が自己を意識する段階にまで到達している。これまでの人類は階級對立によって發展して來た。今や人類は直接自分で自己を發展させようとするところまで來た。階級對立は人類の現象であった。勞働階級はこの階級對立を止揚し、人類を一つの眞理たらしめようとしている。

　宗教改革が十六世紀の現實の狀況によって制約され、電信機の發明もまた然りであるように、我々の人間の頭腦活動に關する理論の探究も十九世紀の現實の狀況によって制約されている。そういう意味でこの小著の內容も決して個人的な勞作ではなく、歷史的な產物である。それで私は——神祕的な文句を許されるならば——自分は理念の器官であるにすぎないと感じている。敍述は私のものであるから、好意をもって大目に見られることをここでお願いしておく。讀者はその暗默の或は聲高の異議を、缺陷の多い形式、私の物の言い方に對してではなく、私の言おうとしている內容へ向けられることをお願いする。私を故意に文字の間で誤解することなく、精神において、一般的なものにおいて、理解されるようお願いする。私がこの理念を發展させるのに成功しなかったにしても、從ってまた私の聲が書物の汎濫している我々の市場で窒息させられようとも、眞實はヨリ有能な代表者を見出すであろうことを私は確信している。

一八六九年五月十五日
ジークブルクにおいて
鞣革工　ヨーゼフ・ディーツゲン

一　序　論

體系化ということが科學の全活動の本質であり、その一般的表現である。科學は我々の頭腦に對して世界の諸〻の事物に秩序と體系とを與えようとするものに外ならない。例えば、或る言語の科學的認識は、それを一般的な類別と規則とに分類し或は秩序附けることを要求する。農業科學は馬鈴薯の收穫をあげることだけを目的とするものではなく、農業の方法と樣式とに關して體系的秩序を見出し、その知識によって成果の豫測をもって耕作できるようにしようとするものである。あらゆる理論の實際的の效果は、我々をしてその理論の對象の體系と方法とに精通させ、從って成果の豫測をもって世の中で働きうるようにするところにある。經驗はたしかにそのための前提にはなるものであるが、しかし經驗だけでは足らない。經驗から發展した理論、すなわち科學によってはじめて我々は偶然のたわむれから免れることができる。科學によって我々は意識的に事物を支配し、絕對に確實に處理することができる。

一人の人がすべてを知り盡すことはできない。彼の手先の熟練と力量とでは彼の必要とするすべてのものを生產するには足らないように、彼の頭腦の能力は必要なすべてのことを知るには不十分である。信ずることが人間にとって必要である。但し、他人の知っていることを信ずるだけである。科學は、物質的生產と同じように、社會的な事柄である。「一人は萬人のため、萬人は一人のためである。」

しかし、各人が自分だけで配慮しうるしまた配慮しなければならない肉體的要求があるように、すべての人が知ることを必要とし、それ故にどのような特殊な専門科學にも屬さない科學的事實も存在する。

認識、理解等の人間の思惟能力はそのようなものであって、何人もその理論を或る特定の同業組合に任せるというわけには行かない。ラッサールが次のように云ったのはもっともである。「考えるということとそのことが今日の分業の時代では一つの特殊の職業となっており、しかもこの職業は最もあさましい手に――我々の新聞の手に――歸している。」そこで我々には、もはやこの取扱いに甘んぜず、もはや輿論に長廣舌を振わさせず、再び自分で考えはじめることが要求されている。我々は知識或は科學の個々の問題を専門家に任せることはできよう。しかし、一般に考えるということは一般的な事柄であって、何人にも免除されることは許されない。

若し我々がこの思惟活動を科學的な基礎の上に築き、そのための理論を見出すことができたならば、若し我々が、いかにして一般的に理性が認識を産み出すかの方法と様式とを發見すること、すなわち科學的眞理を産み出すための方法を見出すことができるならば、我々は、知識一般の領域において、我々の一般的な判斷力に對して、特殊の學科においては既に科學が獲得しているような、確實な成果を得るであろう。

カントは云っている。「若し共通の意圖がいかにして追求さるべきであるかの方法に關して、種々の協力者を一致させることができないならば、このような研究は未だ科學の確實な道を進むには遙かに及ばず、暗中摸索にすぎない、と我々は信じて差支えない。」

ところが今日では、若し我々が諸科學を展望するならば、カントの要求を充し、確實に意識して、問題なく一致して科學の成果を確保し、更にそれを押進めている多くの科學、特に自然科學があることがわかる。リービッヒ（二）が云っているように、「そこでは、何が事實であり、結論であり、規則であり、法則であるかはわかっている。これらすべてに對して我々は試金石を持っており、誰でも彼の研究の成果を發表する前にはこの試金石を使うのである。或る見解を三百代言によって押通そうとしたり、證明できないことを他人に信じこませようとしても、この科學のモラルによって忽ちにして失敗してしまう。」

これに反し、他の領域において、すなわち具體的物質的事物を去って、抽象的な、いわゆる哲學的對象に向うならば、例えば一般的な世界觀・人生觀に關する事柄、事物の始めと終り、現象と本質に關する問題において、また人生智の問題、すなわち、道德、宗教、政治において、果して原因と結果、力と物質、權力と權利との何れが主要事であるかという問題において——そこでは「的確に證明する事實」の代りに「三百代言的詭辯」があるだけであり、どこにも確實な知識はなく、到る處矛盾だらけの臆見の暗中摸索を見るだけである。

ところで、自然科學の大家こそ、このようなテーマに接觸するとお互に見解を異にし、哲學的には不手際であることを暴露する。從って、知識と臆見とを鋭く區別するための科學的なモラル、試金石を持っていると自慢しているが、それは、本能的な實踐にもとづくものにすぎず、意識的な認識、ちゃんとした理論を基礎とするものではない、という結果になる。現代は勤勉な科學研究をもって秀でてはいるが、見解の相違が甚だ多いところをみれば、科學もまた成果を豫定して知識を使うところまでは行っていないことは明かである。そうでなければ何處から誤解が起るであろうか。理解ということを理解している人は誤解する筈がない。天文學的計算の絶對的確實性のみが天文學を科學にする。計算することのできる人は、少くとも自分の計算が正しいか誤っているかをためすすべを知っている。それで、思惟過程の一般的理解もまた、理解を誤解から、知識を臆見から、眞理と誤謬とを一般的且つ一義的に區別する試金石を我々に與える筈である。誤ることは人間的ではあるが、科學的ではない。科學は人間のすることであるから、誤謬は永久に殘るであろう。しかし、數學の理解が誤った計算から免れしめるように、思惟過程を理解すれば、誤謬を眞理と稱したり、更には一般に誤謬を眞理として受入れたりすることはなくなる。次のように云えば逆理と思えるであろうが眞實である。すなわち、名詞を動詞から分ける文法上の規則を知ると同じように精確に、眞理と誤謬とを分離する一般的規則を知っている人は、先の場合におけると同様にこの場合も同じ確實性をもって區別するであろう。昔から學者も著述家も、眞理とは何ぞや、という問題でお互に困惑して來た。この問は數千年來根本的な問題、特に哲學の根本問題を形造って來た。この問題は、哲學其物と同じく、結局のところその解決を人間の思惟能力の認識において見出す。言いかえれば、一般に眞理の標識に對する問は、眞理と誤謬との區別に關する問と同じである。哲學は、そのために盡力し、思惟過程の最後的に明瞭な認識によって、この謎と共についに自己自身を解消するに至った科學である。それで、哲學の本質と經過とを簡單に考察することは、我々のテーマに對して序論としてふさわしいであろう。

哲學という言葉はいろいろの意味で使われるから、ここではいわゆる思辨哲學だけを指すことにしておく。この際我々は、敍述について一々引用や出典を示すことは止めにする。この點に關して私の云うことは、明瞭であり、別に問題もなかろうから、知ったか振りの附屬品を加えるにも及ばないであろう。

我々が先に引用したカントの尺度で測るならば、思辨哲學は、科學より以上にさまざまの意見の角逐場として現れる。哲學の名士や古典的巨匠達は、哲學は何であり、何を欲するか、という問に對する答において一度も一致したことがない。それ故、これらのさまざまの意見に更に私の個人的意見を附加えることをしないために、我々は哲學と自稱しているものはすべて哲學として認めることにする。そして部厚な書物のぎっしりつまっている文庫の中から――特殊なものや風變りのものによって迷わせられないで――共通なもの或は一般的なものを探し出すことにする。

そこで、このような經驗的方法によって我々は先ず第一に、哲學は元來他の諸科學と並立或は協同する特殊の個別科學ではなく、丁度藝術が種々の藝術の總括であるように、むしろ知識一般の種屬名であることを發見する。知識を、精神勞働を本職とする人――思想內容の如何は問わず、考える人は元來誰でも哲學者であった。

ところが、次いで人間の知識が次第に豊富になると個々の部門が智慧の母親（mater sapientiae）から分離した。特に近代の自然科學の成立以來、哲學はその內容よりもむしろその形式によって特徴づけられている。すべての他の科學はその對象の相違によって區別されるが、これに反し哲學はその獨自の方法によって區別される。勿論哲學もまた對象、目的を持っている。哲學は一般者、世界全體、宇宙を把握しようとする。しかし、哲學を特徴づけるものは、このような對象、目的ではなく、目的を追求する方法と樣式とにある。

すべての他の科學は特殊の事物或は對象を取扱う。そして全體・宇宙を問題とするときであっても、常に世界全體を構成している特殊の部分或は契機へ關係する限りにおいて扱うにすぎない。アレクサンダー・フォン・フンボルト(三)は彼の『宇宙』の序論において、自分はこの著書において、多樣性によって同質性と統一とを認識しようとする經驗的考察、自然的研究に問題を限る、と云っている。そのように、一般に歸納的諸科學は個別的なもの、特殊的なもの、感覺に與えられるものの研究を基礎としてのみ一般的な結論或は認識に到達する。それ故これらの諸科學は、「我我の結論は事實にもとづいている」と稱する。思辨哲學はそれとは逆のやり方をする。その研究對象が何らか特殊のテーマである場合でも、哲學はそのテーマを特殊なものの中で追究することをしない。感覺の示すもの、すなわち眼と耳、手と頭でなされる肉體的經驗を、哲學は虛妄な現象として退け、そして「純粹な」すべての前提を度外視した思惟に自らを制限し、それによって、人間理性の統一によって多樣な世界全體を認識するという逆の方法をとる。例えば、現在我々が論じている問題、すなわち、哲學とは何であるか、という問題において——思辨哲學は、哲學の現實的感覺的な形態から、木と豚皮で作った二つ折判の書物から、哲學の大小の論文から出發し、そこから概念にまで到達しようとはしない。逆に、思辨哲學者は自己の內に入りこみ、自己の精神の奧底において哲學の眞の概念を求め、次いでその標準によって感覺的に與えられる見本が本物かまがい物であるかの判決を下す。思うに思辨的方法は手で摑めるような事物の研究に從ったことはかつてなかった。もっとも、世界を妄想で充したところの、あらゆる非科學的自然觀のやり方をもまた哲學だと認めるのならば別であるが。成るほど科學的思辨の初期においては太陽や地球の運行を研究したこともあった。しかし、歸納的天文學がこの領域においてョリ大きな成果をあげて以來、思辨はョリ抽象的なテーマの研究に專ら自己を制限している。そこで思辨哲學の特徵は、一般的にも、この領域でも、理念或は概念からその成果を產み出すことである。

經驗科學、歸納的方法にとっては、經驗される多様性が第一であって、思惟は第二である。これに反し思辨は、經驗の力を借りずに科學的眞理を產み出そうとする。哲學的認識はたまゆらの事實にもとづいてはならず、空間・時間を超越して絕對的でなければならないと主張する。思辨哲學は形而下學 (physische Wissenschaft) たることを欲せず、形而上學 (Metaphysik) であろうとする。思辨哲學の課題は、經驗の力を借りずに純粹に理性から一つの體系を見出すこと、すなわちそれによって知るに値することどもが論理的或は體系的に展開されるような論理學或は知識學を見出すことにある。それは丁度我々が與えられた一つの語根から文法的にその種々の形態を導き出しうるのと同様である。形而下學は、我々の認識能力は――周知の譬喩を使うならば――外界から印象を受取る一片の柔い蠟、或は經驗によって字を書かれる白紙のようなものであるという前提の下にふるまっている。これに反し思辨哲學は、思惟の力によって精神の奥底から汲み出し且つ產み出すことのできる生得觀念を前提としている。

思辨哲學と歸納的科學との區別は空想と常識との差異にもとづいている。空想は精神の奥底から、自己自身によって、內部からその產物を產み出すのに對し、常識は外界から、經驗によってその概念を作り出す。しかし、空想の生產方法は一面的であるように見えるが、それは外觀だけのことである。畫家が超感覺的な姿、超感覺的な形を工夫しえないのと同じように、思想家は經驗を超越する超感覺的思想を考えることはできない。空想が人間と鳥を結合して天使を、或は魚と女を結合して人魚を創造するように、その他のすべての空想の產物も同じ方法によるものであって、空想自身が產み出したもののように見えても、しかし實は外界の印象を勝手に配列したものにすぎない。空想は經驗されたものを奔放な、任意な形式で再生產するのに對し、悟性・理性は經驗の數と秩序、時間と尺度に從う。

知識への熱望はとうの昔から、經驗と觀察との缺如のため歸納的認識の不可能であった時代においてさえも既に、自然と生命との諸現象を人間の精神から、すなわち思辨的に說明するように促したのであった。人々は經驗を思辨で補おうとした。經驗の豐富になった後の時代においては、以前の思辨が誤謬と認められるのが普通であった。しかしそれにも拘らず、人々がこの思辨的道樂を棄て去りうるに至るまでには、千年もの間、一方においてはこの幻滅の仕事が重ね重ね繰返され、他方においては歸納的方法が數知れない輝かしい成果をあげることを必要としたのであった。

たしかに空想もまた積極的な能力を持っており、類比によってえられた思辨的豫感が經驗にもとづく歸納的認識に先立つ場合も非常に多い。但し我々は、どこまでが推測でありどこまでが科學であるかについて、はっきりした意識を持っていなければならない。似而非科學は歸納的研究に門戸を閉ざすが、意識的な豫感は科學的研究を促す。思辨と知識との區別について明瞭な意識を持つに至るのは一つの歴史的過程であって、その過程の始めと終りとは思辨哲學の始めと終りとに一致する。

古代においては、常識は空想と、歸納的方法は思辨的方法と同居して一緒に働いていた。兩者の分離は幾多の迷妄を認識するに至って漸くはじまるのであるが、近世に至るまで未熟の判斷はなおこの迷妄に捉われていた。ところが、人々は迷妄を經驗してもその原因が理解力の缺如にあるとは思わず、却って責任を感覺の缺陥に轉嫁し、感覺は詐欺師であり、感覺的現象は僞りであると罵った。感覺は當てにならないという昔からの嘆きの聲を聞かないものがあろうか。自然と自然現象とに對する誤解が先ず最初に感性との完全な不和の原因となった。人々は自分を欺いておきながら、感覺に欺かれたと信じた。感覺に對する不滿は、一轉して感性的世界に對する全面的な輕蔑となった。從來は批判なしに外觀そのままを眞理として信用していたが、今度は同じように無批判的に感覺的眞理に對する信用を根こそぎ棄て去ってしまった。研究は自然から、經驗から去って、純粹思惟をもって思辨哲學の仕事をはじめた。

しかし、そうではない。決して科學は常識の道から、感覺的世界の眞理から、すっかり遠ざかったわけではない。その代りに間もなく自然科學が入って來た。そしてその輝かしい成果によって歸納的方法の實り多いことを明かにした。ところが他方において哲學は、細目に亙る（en detail）研究なしに、感覺的な經驗と觀察なしに理性のみをもって、重要な一般的知識が推論されるようにするところの體系を探し求めた。

今日我々はそのような思辨的體系をいやというほど澤山持っている。若し我々が先に述べた一致という尺度でこれらの諸體系を計るならば、哲學は一般的不一致という點でのみ一致することが見出される。さればこそ思辨哲學の歷史は、他の諸科學の歷史のように、知識の漸次的蓄積の中に存するのではなく、客體或は經驗の力を借りずに純粹の思惟力をもって、自然と生命との一般的な謎を解こうとする、失敗續きの一連の試みの中に存する。その最も大膽な試み、最も巧妙な思想建築を今世紀の初頭に完成したのはヘーゲルである。ヘーゲルは、一般に云われているように、政治的世界におけるナポレオンと同じ位、學問的世界で有名になった。しかし、ヘーゲル哲學も歷史的試煉には堪えなかった。ハイム（四）（『ヘーゲルとその時代』）が云っているように、「ヘーゲル哲學は世界の進歩と生ける歷史とによって押しのけられた。」

それ故、それまでの哲學の成果は自己自身の無力の宣言であった。しかし、數千年の間最も優秀な頭腦が従事した仕事の基礎には積極的な何物かがあることを、我々は見損わないであろう。そして事實において哲學は一つの歴史――單に失敗した試みの系列という意味の歴史ではなく、生きた發展という意味での歴史――を持っている。しかし、歴史と共に發展したのは、對象、すなわち求められた論理的世界體系ではなくて方法である。

實證科學は何れも感覺的對象を、外部的に與えられている端初を、その認識の支柱となる前提を持っている。經驗科學には何れもその基礎に感覺的材料、與えられた對象がある。その意味で經驗科學の知識は依存的であり、不純である。思辨哲學は純粹な絶對的知識を求める。思辨哲學は材料なしに、經驗なしに、「純粹」理性から認識しようとする。思辨哲學は、認識或は科學は感覺的經驗よりすぐれているという熱狂的な意識から發している。それ故思辨哲學は經驗を全く飛び越して、全體的な純粹認識に到達しようとする。その對象は眞理である。しかも、特殊な眞理、あれやこれやの事物の眞理ではなく、一般的な眞理、眞理「自體」である。思辨的體系は無前提の端初、疑いもなく自立している立場を求め、そこから一般に疑いえないものを規定しようとする。思辨的諸體系は自分では、完全な、閉ざされた、自立自足の體系であると思っている。ところが、その全體性・自立性・無前提は空想にすぎなかったということ、思辨も他の認識と同じように外面的・經驗的に規定されているということ、思辨的體系は哲學體系ではなく、相對的・經驗的な認識であるということ、これらのことがその後、認識されるに至ったとき、思辨的體系は何れも解消してしまった。結局思辨は次のような知識に解消した。すなわち、知識自體或は一般的知識は不純であるということ、哲學の器官である認識能力は與えられた端初がなければはじまることができないということ、科學が經驗よりすぐれているのは全面的にそうなのではなく、多くの經驗を組織しうる限りにおいてであるということ、從って、一般的・客觀的な認識或は眞理「自體」が哲學の對象でありうるのは、與えられた特殊の認識或は眞理から一般的な認識或は眞理を特徴づけ、認識しうる限りにおいてのみである、ということの知識に解消した。簡單に言えば、哲學は經驗的認識能力の非哲學的科學へ、理性の批判へ還元されたのである。

近世の意識的な思辨は假象と眞理との區別の經驗から出發する。それは、假象から欺かれず、思惟によって眞理を見出すために、すべての感覺的現象を否認する。その後續いて現れて來た哲學者は常に、そのようにしてえられた先輩達の眞理も、彼等が自負したようなものではなく、その實質的な成果は、認識能力・思惟過程の科學を促進したことだけであるのを見出した。哲學は、感性を否定することによって、思惟をすべての感覺的に與えられたものから、云わばその自然的外被からたち切ろうとする努力によって、他の何れの科學より以上に精神の構造を露わにした。そのため、哲學が成長し、歷史的經過において發展すればするほど、哲學の仕事のこの核心はいよいよ典型的に、いよいよ顯著に現れて來た。思辨哲學は、偉大な妄想を繰返し創り出した後、純粹の、哲學的の、すべての與えられた內容を無視した思惟は、またも內容のない思惟、現實性のない思想、すなわち妄想を產み出すにすぎない、という積極的な認識に達して解消するに至った。思辨的迷妄と科學的な迷妄打破とのこの過程は最近まで續いていたが、ついに問題全體の解決、思辨の解消はルートヴィヒ・フォイエルバッハ(五)の次の言葉ではじまった。すなわち、「私の哲學は哲學ではない。」

思辨的業績についてのこの長い物語は、悟性・理性・精神の認識に、我々が思惟と名づけるところのかの神祕的な作用の暴露に歸着する。

いかにして眞理が認識されるかという方法と様式とに關する祕密、いかなる思惟も對象と前提とを必要とするという事實に關する無知が、哲學の歴史に含まれている思辨的誤謬の原因であった。その同じ祕密が、今日我々が、我が自然科學者達の言葉や著作において折りふしに (en passant) 出會うところの多くの思辨的誤謬や矛盾の原因である。彼等の知識と認識とは遙かに進んでいるが、しかしそれも具體的な事物を扱う範圍内だけのことである。その他の抽象的なテーマに關しては、彼らは「實證的事實」の代りに「三百代言的詭辯」を持出す。というのは彼等は、何が事實であり、結論であり、規則であり、眞理であるかについて、特殊の場合には、或は本能的には知っているにしても、一般的には、意識的には、理論的には知らないからである。自然科學の成果は、知識の道具である精神を本能的に取扱うことを教えた。しかし、成果を豫定して働く體系的認識が缺けている。思辨哲學の業績に對する理解が缺けている。

さて、我々の課題は、哲學がいかに廻りくどく且つ大部分は無意識的に實證科學を促進したかを簡單に約說すること、すなわち思惟過程の一般的性質を明かにすることの中に存するであろう。そして、この過程の認識が自然と生命とのすべての一般的の謎を解く鍵を我々に與える次第や、またそれによって、かの基本的な立場、思辨哲學にとって長い間憧れの的であったところのかの體系的世界觀がえられる次第を我々は見るであろう。

二　純粋理性或は一般的思惟能力

一般に食料品について話をし、そして話の途中で果物、穀物、蔬菜、肉類、パン等に及ぶ場合、これらは差異はあっても食料品という概念の下にすべて一括されて、同じ意味の表現として使われるように、我々はここで理性、意識、悟性、表象の能力、概念の能力、區別の能力、思惟の能力、或は認識能力を同じ意味のものとして扱うこととする。我々が今問題とするのは、思惟過程のさまざまの種類ではなくて、その一般的性質である。

近代の或る生理學者は次のように云っている。「分別のある人なら誰でも、精神力の座を、ギリシア人のように血液の中に、中世におけるように松果腺の中に求めようとは思わない。――却って我々すべては、神經系統の中樞にこそ動物の精神作用に關する有機的中心が求められる、と確信している。」――いかにもその通りである。書くことが手の作用であるように、思惟は腦髓の作用である。しかし、手の研究と解剖とが、書くとは何であるか、という課題を解きえないと同じように――腦髓の生理學的研究は、思惟とは何であるか、という問題に近づくことはできない。我々は解剖刀をもって精神を殺すことはできようが、しかし發見することはできない。思惟は腦髓の産物であるという認識は、幽靈の徘徊する空想の領土から明るい日のさす現實界へ問題を引出すが故に、我々を我々の問題へ近づかせるものである。今や精神は非物質的な、捉ええない存在から、肉體的な活動となる。

歩くことが足の活動であるように、思惟は腦髓の活動である。我々が歩行を、苦痛を、我々の感覺を感官によって知覺するのと同じように、我々は思惟を、精神を感官によって知覺する。思惟は主觀的な經過として、內的な過程として我々に感ぜられる。

この過程はその內容から云えば瞬間毎にまた一人一人異っているが、その形式から云えばいつでも同じである。云いかえれば、我々は思惟過程において、すべての過程におけると同じように、特殊なもの或は具體的なものと一般的なもの或は抽象的なものとを區別する。思惟の一般的目的は認識である。我々は後に、概念のように最も單純な表象もその本質から云えば最も深い認識と全く同じであることを見るであろう。

內容のない思惟・認識がないと同じように、對象のない思惟、考えられ或は認識される他者のない思惟は存在しない。思惟は一つの活動であり、そして他のすべての活動と同じように、それによって自己を表現する客體を必要とする。私は爲す、私は作る、私は考える、という命題には——お前は何を爲し、何を作り、何を考えるか、という內容と對象とに關する問が續く。

特定の表象、現實の思惟は何れもその內容と同一であるが、その對象とは同一でない。私の思想內容としての私の机はその思想と同一であって、區別することができない。しかし、頭腦の外にある机は思想とは全く異った對象である。內容が思惟作用一般としての思惟から區別されるのは、その一部分としてであるにすぎないが、對象は絕對的に或は本質的に思惟とは異ったものである。

我々は思惟と存在とを區別する。我々は感覺的對象とその精神的概念とを區別する。それにも拘らず、非感覺的表象もまた感覺的・物質的であり、すなわち現實的である。私が机そのものを知覺するのと同じように物質的に、私は私の机という思想を知覺する。若し手で掴みうるもののみを物質的と名づけるならば、いかにも思想は非物質的である。しかし、そのときには薔薇の芳香や煖爐の暖さも非物質的である。我々は思想を感覺的と呼んだ方が恐らくよさそうである。或は、若しそのとき、感覺的事物と精神的事物という言葉は嚴密に區別されているから、それは言葉の濫用であるとの抗議が出るならば、我々もこの言葉を棄てて、思想を現實的と稱しよう。精神は、手で掴みうる机、眼に見える光線、耳に聞こえる音が現實的であるのと同じように、現實的である。思想はいかにもこれらの事物から區別されはするが、それにも拘らず共通點もある。すなわち、思想は他の事物と同じように現實的である。机、光、音が相互に區別されるより以上に、精神がこれらの事物から區別されるものではない。我々は差異を否定するのではなく、これら異った事物の共通性を主張するだけである。私が思惟能力を物質的能力、感覺的現象と稱しても、少くとも今後は讀者は私を誤解しないであろう。

感覺的現象は何れも、それによって自己を表現する對象を必要とする。暖さが現實的に存在するためには、對象が、すなわち暖められる他者が存在しなければならない。能動的なものは受動的なものなしにはありえない。見えるものも視覺がなければ見えないし、視覺も見えるものがなけば視覺ではない。思惟能力もまた現象するものであるが、しかし、すべての事物と同じように、決してそれ自體だけで (an und für sich) 現れるのではなく、常に他の感覺的現象と結合して現れる。思想は、すべての現實的現象と同じく、或る客體において、またそれと共に現れる。腦髓の作用は、眼の作用、花の香り、或は煖爐の暖さ、或は机の現象と全く同じように、「純粋」活動以外の何物でもない。机が眼に見え、耳に聞こえ、手に觸れるということ、すなわち机が現實的であり、或は或る作用を及ぼすということは、机と關係のある他のものの活動によるのと全く同じように、机そのものの活動によるものである。

しかし、思惟以外のそれぞれの活動は獨自の種類の對象によって制限されている。眼の作用に役立つのは見えるものだけであり、手の作用に役立つのは摑みうるものだけである。歩行にとっては通過する空間がその對象である。然るに、思惟にとってはすべてが對象である。すべては認識される。思惟は特定の種類の對象に限られることはない。いかなる現象も思想の對象となり、從ってまたその內容となることができる。のみならず、一般に我々が認識するすべてのものは、我々の腦髓活動の材料となることによってのみ認識される。すべてのものが思惟の對象であり內容である。一般に思惟能力はすべての對象に及んで行く。

先に我々は、すべては認識されうると云った。そして今は、認識されうるもののみが認識され、知られうるもののみが科學の對象となることができ、考えられるもののみが思惟能力の對象である、と云う。思惟能力は讀むこと、聞くこと、觸ること及びその他感覺世界の無數の活動のすべての代りをすることはできないという意味において、思惟能力もまた制限されている。我々はいかにもすべての客體を認識するであろうが、しかしどの客體をも認識し盡し、知り盡し、或は把握し盡すことはできない。言いかえれば、客體は認識の中へ解消するものではない。見ることのためには見られるものが、すなわち我々が見るより以上のものが必要である。聞くことのためには聞かれるものが、思惟には考えられる對象が必要である。従ってまた、なお我々の思想以外のもの、我々の意識以外のものが必要である。我々は客體を見、聞き、觸り、考えるが、それが主觀的なものではない、ということをいかにして知るに至るかについては後に述べよう。

我々は思惟によって能力に應じて世界を二重に捉える。一は現實において外的に、他は思想、表象において内的に捉える。その際、世界における事物が頭脳における事物と性質を異にすることは容易に知りうるところである。事物はその最上の形（optima forma）、自然の擴がりのままで頭の中へ入ることはできない。頭脳は事物そのものをでなく、その概念、表象、一般的形式をとり入れるにすぎない。表象され、考えられた樹木は常に一般的なものにすぎない。現實の一本の樹木は他のいかなる樹木とも等しくない。そして、たとえ私がこの特定の樹木を頭の中へ受け入れたにしても、一般者が特殊なものから區別されるように、考えられた樹木はどうしても感官的樹木とは異るものである。頭脳の中には事物の無限の多様性と無數に豐富な性質とを入れる餘地はない。

「世界は自己の外で測られる。」我々は自然及び生命の諸現象を二重の形で、すなわち、具體的な、感覺的な、多樣な形と、抽象的な、精神的な、統一的な形とで認識する。我々の感覺にとっては世界は多樣なものである。頭腦は世界を總括して統一する。そして世界について云われることは、特殊の部分の何れについても當て嵌まる。感覺的統一とは無意味のものである。水滴の原子でも或は化學元素の原子でも、それが現實的である限り、分割しうるものであり、その各部分は同一ではなく、多樣である。AはBではない。しかし、概念、思惟能力は、各〻の感覺的部分から抽象的な全體を作り上げ、そして各〻の感覺的全體或は感覺の一定量を抽象的な統一世界の一部分として理解する。事物を完全に理解するためには、我々は事物を實踐的並に理論的に、感覺及び頭腦をもって、肉體及び精神をもって捉えなければならない。我々は肉體をもって肉體的なもののみを、精神をもって精神的なもののみを捉えることができる。それ故事物もまた精神を持っている。精神は物質的であり、事物は精神的である。精神と事物とは相互に關連してのみ現實的である。

我々は事物を見うるであろうか。否、我々は眼へ及ぼす事物の影響を見るだけである。我々は酢を味うのではなく、酢の我々の舌に對する關係を味うのである。その結果が酸っぱいという感覺である。酢は舌に對してのみ酸っぱい感じを與え、鐵に對してはそれを溶かし、寒さに對しては固まり、熱に對しては流動體となる。そのように酢は、それが空間的・時間的に關係する客體が異るのに應じて、種々の作用をする。例外なしにすべての事物がそうであるように、酢は現象する。しかし、決して酢自體だけで現れるものではなく、常に他の諸現象と關係し、接觸し、結合してのみ現れる。すべての現象は主體と客體との產物である。

思想が現れるためには腦髓或は思惟能力だけでは不十分であって、その上に、考えられる客體・對象が必要である。このように我々のテーマは相對的性質のものであるから、それを取扱うにも「純粹に」そのテーマにのみとどまりえないという結果になる。理性或は思惟能力も決してそれだけで現れるものではなく、常に他のものと結合して現れるから、我々は思惟能力からその對象へと進んで行き、兩者を結合して取扱わざるをえない。

視覺が樹木を見るのでなく、樹木の見えるところだけを見るように、思惟能力もまた客體そのものをでなく、客體の認識されうる精神的側面を受入れるだけである。その結果として生れる思想は、腦髓がある客體と結合して產んだ子供である。思想には一方における主觀的思惟能力と他方における客體の精神的性質とが現れる。すべての精神作用は或る對象を前提とし、その對象が精神作用を產み出し、また精神的內容を附與する。そして他面から云えば、この內容は、精神の外に存在し、何らかの方法で感覺的に知覺され、或は見られ、聞かれ、嗅がれ、味われ、或は觸れられ、要するに經驗される一つの對象から生ずるものである。

さて、我々は先に、見ることは見られるものという對象に、聞くことは聞かれるもの等々に制限されるが、これに反し思惟能力或は認識能力にとってはすべてが對象である、と云った。この言葉は今はただ、對象はその無數の、但し特殊の感覺的性質の外になお、考えられ、把握され或は認識される、要するに我々の思惟能力の對象であるという一般的・精神的性質を持っている、という意味である。

あらゆる客體のこの形而上學的な規定は思惟能力そのものすなわち精神にも當て嵌まる。精神は肉體的・感覺的活動であって、さまざまの現れ方をする。精神はいろいろのときに、種々の對象によってさまざまの頭腦の中に產み出される思惟である。他のすべてのものと同じように、我我はこの精神を特定の思惟作用の對象とすることができる。對象としてのこの精神は多樣な、經驗的な事實であって、この事實は、それが特殊な腦髓の作用と接觸すると、この特殊な思惟作用の內容として精神という一般的概念を產み出すのである。一般に事物はその概念から區別されるように、思惟の對象は思惟の內容から區別される。感覺的に經驗される多樣な過程は思惟の對象となり、その對象によって思惟は過程という概念を內容として所有するに至る。或る感覺的對象の概念は父母を持っているということ、すなわちその概念は經驗された對象によって我々の思惟から產み出されるということは、我々の現在の思惟が自己自身の經驗から自己獨自の概念を所產として產み出す場合の三位一體よりは容易に理解され、從って明瞭である。後者の場合には、我我は圓運動をしているように見える。その場合には、對象、內容及び活動は合流するように見える。そこでは理性は自らのところに止っている（すなわち、理性がその感覺的に與えられる存在を保持することによって）。言いかえれば、理性は自ら對象の役目をし、そこから自己の內容を受取る。しかし、だからと云って、事物と概念との區別が他の場合より、ヨリ明白でないことはあっても、眞實でないということはない。眞理を蔽いかくしているものは、感覺的なものと精神的なものとを異質的な、絶對に異ったものとみる習慣である。この區別の必然性は常に、感覺的對象とその精神的概念とを差別することを強いる。我々は概念能力自身の場合にも同じことを強いられるので、「精神」という名前を持っている對象を感覺的と稱せざるをえない。このような術語の曖昧さはいかなる科學においても全く避けるというわけにはいかないであろう。字句にこだわるのでなく、意味を求める讀者は、存在と思惟との區別は思惟能力にも適用されるということと、認識・把握・思惟等々の事實はこの事實の理解とは異るということ、を認めるであろう。そして後者すなわち理解もまた一つの事實であるから、すべての精神的なものを事實的或は「感覺的」と稱することも許されるであろう。

さて、理性或は思惟能力は、個々の思想を產み出す神秘的客體ではない。逆に、個々の、經驗された思想という事實が客體を形作り、この客體が腦髓の作用と接觸して理性概念を產み出すのである。理性は、我々の知っているすべての事物と同じように、二重の存在を、一は現象或は經驗における存在、他は本質或は概念における存在を、持っている。或る客體の概念はその經驗を前提としており、思惟力の概念もその例外ではない。ところで人間は本來自ら（per se）考えるものであるから、何人も自らこの經驗をしている筈である。

我々は次のようなところまで來た。すなわち、經驗なしに精神の奧底から認識を產み出そうとする思辨的方法は、客體の感覺的性質によっていつの間にやら歸納的方法となり、逆に經驗によってのみ結論・概念・認識を產み出そうとする歸納的万法は、同時に精神的でもある客體の性質によって思辨となる。それで、ここでは思惟によって、思惟能力或は認識能力、理性、知識或は科學等々の概念を分析しなければならない。

概念を産み出すこととこの概念を分析することとは、兩者とも腦髓の作用、悟性の活動である限りにおいては同一である。兩者は共通の性質を持っている。しかし、兩者の區別は本能と意識との區別である。人間が先ず考えるのは、考えたいからではなく、考えざるをえないからである。概念は本能的に、自然的に産み出される。この概念を明瞭に意識し、知識と意志とに從屬させるためには、我々はそれを分析することを必要とする。例えば、我々は歩く經驗から歩行という概念を産み出す。その概念を分析するとは、一般に歩くとは何であるか、歩くことの一般的性質は何であるか、という疑問を解くことを意味する。我々は恐らく、歩行とは一つの場所から他の場所への律動的な運動である、と答えるであろう。そしてそれによって本能的な概念を意識的な、分析された概念へ高めるのである。分析によってはじめて事物は概念的に、的確に或は理論的に把握されたことになる。我々は歩行という概念がいかなる要素から形造られているかを知ろうとした。そして我々は、共通に「歩く」と名づけている經驗の一般的性質として律動的運動を見出す。經驗上では歩行は或は大跨であり、或は小跨であり、二尺宛の場合も、もっと大幅の場合もあり、時計の如く、或は機械の如く歩く等々、要するに雜多である。概念においては歩行は律動的な運動にすぎず、概念の分析がはじめて我々にこの事實の意識を與える。光という概念は、科學が光を分析して、エーテルの波動が光の構成要素をなしていることを知るよりずっと前に存在していた。本能的概念と分析された概念との區別は、生活の思想と科學の思想との區別に等しい。

或る概念の分析と、その對象すなわちその概念を產み出した事物の理論的分析とは同じものである。何れの概念にも現實の對象が照應している。ルートヴィヒ・フォイエルバッハは、神及び不死の概念さえも現實的・感覺的對象の概念であることを證明した。動物、光、友人、人間等々の概念を分析するためには、動物、友人、人間、光の現象等が分析される。光の概念の對象が或る個別的な光の現象でないように、分析されるべき動物概念の對象は個々の動物ではない。概念は種屬を、一般的な事物を包括する。從って、動物とは何であるか、光とは何であるか、友人とは何であるか、という分析、或は質問は、何らか特殊のものをではなく、一般的なもの・種屬をその要素に分解することを仕事とすべきである。

概念の分析とその對象の分析とがお互に異ったものであるように思われるのは、我々が、對象を二つの方法で、すなわち特殊のものにおいては實踐的、感覺的、行動的に、そしてまた一般的なものにおいては理論的に、頭腦をもって精神的に、區別する能力を持っているからである。實踐的分析は理論的分析の前提である。我々にとって、動物概念を分析するためには感覺的に區別される動物が、友人を分析するためには個々に經驗される友人が、材料或は前提の役割をしている。

何れの概念にも對象が照應し、對象は實踐的に多くの分ちうる部分に分解される。されば、概念を分析するというのは、既に實踐的に分析されたその對象を理論的に分析することを意味する。

概念の分析は、その對象の特殊の部分の共通性或は一般性を認識することの中に存している。種の歩行に共通なものすなわち律動的な運動が歩行概念を構成し、種々の光の現象に共通なものが光の概念を構成する。化學工場は化學製品をうるために、科學は對象の概念を分析するために、對象を分析する。

我々の特殊な對象である思惟能力もまたその概念から區別される。しかし、概念を分析するためには、その對象が分析されてあることを要する。この對象は化學的に分析することはできない――すべてのものが化學に屬するわけではないから――、しかし理論的に或は科學的に分析することはできる。既に述べたように、科學或は理性はすべての對象を取扱う。しかし、科學が概念的に分析しようとするすべての對象は、豫め實踐的に分析されることを必要とする。すなわち、對象の種類に應じて、或はいろいろに使ってみたり、或は愼重に眺めてみたり、或は注意深く聞いてみたり、要するに徹底的に經驗されなければならない。

人間が考えるということ、すなわち思惟能力は感覺的に經驗される事實である。事實が、我々が本能的に概念を形造るための機緣或は對象を與える。されば、今後は、思惟力の概念を分析するとは、種々の、個人的な一時的な現實の思惟作用から、共通なもの或は一般的なものを見出すことを意味する。自然科學的方法でそのような研究を進めるためには、我々は物理學的道具をも化學的試藥品をも必要としない。何れの科學や認識にとっても缺くことのできない感覺的觀察は、この場合言わば先天的に (a priori) 與えられている。我々の研究の對象、すなわち思惟力の事實とその經驗とを、何人も記憶その物の中に持っている。

さて、我々は先に、本能的概念もまたその科學的分析も、感覺的なもの、特殊なもの、具體的なものから、抽象的なもの或は一般的なものを常に發展させることを認めた。このことを言いかえると、すべての個々の思惟作用に共通なものは、感覺的・具體的には雜多な現れ方をする對象において、一般的なものすなわち普遍的統一を求めることの中に見出される、ということである。種々の動物、種々の光の現象に共通な一般的なものが、普遍的な動物概念及び光の概念を構成する要素をなすものである。一般的なものがすべての概念、すべての認識、すべての科學、すべての思惟作用の內容である。このようにして、思惟能力の分析の結果、思惟能力とは、特殊のものから一般的なものを究める能力である、ことが明かになる。眼は見えるものを究める。耳は聞こえるものを、そして我々の腦髓は一般的なものを、すなわち知られるもの或は認識されうるものを知覺する。

我々は次の事どもを知った。すなわち、思惟は他のすべての活動と同じように對象を必要とすること、更にすべてが無制限に思惟能力の對象になりうると同時に思惟はその對象の選擇において無制限であること、次いでこれらの對象は感覺にはさまざまの現れ方をし、そこで思惟活動は、これらの現象の中から類似のもの、等しいもの、或は一般的なものを抽出することによって、それを單一な概念に轉化させるものであること、を知った。今我々が思惟能力の一般的方法に關するこの認識された經驗或は經驗された認識を、我々の課題に適用するならば、我々の求めているのは正に思惟能力の一般的方法に外ならないのであるから、それによって既に解決は與えられていることになる。

特殊のものから一般的なものを發展させることが、理性が認識を促進させる普遍的方法、一般的な方法と樣式とであるならば、それによって、特殊のものから一般的なものを引出す能力としての理性は完全に認識されたことになる。

思惟は肉體的活動であって、すべての他の活動と同じように、材料なしでは存在しえないすなわち働くことができない。私が考えるためには考える材料を必要とする。この材料は自然と生命との諸現象の中に與えられている。これらの現象は我々が特殊なものと名づけているものである。そこで以前に、すべてのものが思惟の對象であると云ったが、それは今や、理性の對象は無限である、すなわち量においても無限であり質においても無制限である、という意味になる。我々の思惟能力にとって材料の役割りをする資料は、空間の如く無限であり、時間の如く永遠であり、しかもこの兩形式の內容の如く絶對に多樣である。思惟能力は、すべてのもの、すべての資料、すべての現象と關係する限りにおいて、すなわち思想を產み出す限りにおいて、普遍的な能力である。しかし、思惟は存在し活動するためには現象の世界すなわち物質を必要とするから、絶對的なものではない。物質は精神の限界であり、精神はこの限界を飛び越すことはできない。物質は精神が輝くための背景を與えるが、物質はこの輝きの中へ解消してしまうものではない。精神は物質の產物である。しかし、物質は精神の產物以上のものである。物質はまた五官によっても我々に接近し、物質は同時に我々の感覺作用の產物でもある。感覺及び精神によって同時に我々に開示されるそのような產物のみを、我々は現實的な、客觀的な產物、すなわち事物「自體」と名づける。

理性は、感覺的である限りにおいてのみ、眞實の、現實的の事物である。理性の感覺的活動は、客觀的に外の世界で開示されると同じように、人間の頭腦においても開示される。さもなければ、理性が自然及び生命を改造する活動は感覺では知られないことになるではないか。我々は科學の成果を眼で見、手で摑む。但し、知識或は理性だけでこれらの物質的結果を自分の中から產み出すことはできない。そのためには感覺の世界、客體が與えられていなければならない。しかし、一體「それ自體だけで」活動する事物があろうか。光が輝き、太陽が暖めそして回轉するためには、照され・暖められ・その中を回轉する・空間及び事物がなければならない。私の机が色を持つに先立って光と眼とがなければならない。そして更に机のすべての性質からみて、机は他のものと接觸してのみ存在し、そしてこの接觸・關係が多様であるのと同じように、机の存在は多様である。言いかえれば、世界は關連においてのみ存在する。この關連から引離された事物は存在することを止める。事物は他のものに對して（für anderes）存在し、活動し或は現象することによってのみ、自己に對して（für sich）存在する。

若し我々が世界を「事物自體」と考えるならば、世界「自體」と我々に對して現れる世界すなわち世界の諸現象とは、全體と部分との相違に外ならないことが、容易に理解されるであろう。

世界自體とは世界の諸現象の總和にすぎない。我々が理性、精神、思惟能力と名づけるところの世界現象の諸部分についても同じことが言える。我々は思惟能力をその現象或は活動から區別するが、しかし思惟能力「自體」、「純粋」理性は、その現象の總和においてのみ現實的に存在する。見ることは視覺能力の肉體的存在である。我々は諸部分によってのみ全體を持ち、そしてすべての事物と同じように、その活動すなわち個々の思想によってのみ我々の理性をも持っている。前に述べたように、思惟能力は時間的に最初のものではなく、思想に先行するものではない。逆に、感覺的對象によって産み出された思想が材料となり、その材料によって思惟能力の概念が産み出されるのである。世界の運動の理解が、太陽が地球の周りを廻っているのでないことを我々に敎えたように、思惟過程の理解は、思惟能力が思想を形造るのではなく、逆に個々の思想から思惟能力という概念が形造られるということ――従って、視覺能力が我々の見ることとの總和として存在するように、思惟能力も我々の思想の總和としてのみ實踐的に存在するということ、を我々に敎える。

これらの思想すなわち實踐理性が材料となり、その材料によって我々の腦髓が概念としての純粋理性を産み出す。理性は實踐においては必然的に不純である。すなわち理性は何らかの特殊な對象と關係を持っている。純粋理性すなわち特殊の內容を持たない理性とは、特殊な理性の諸作用の中の一般的なものに外ならない。この一般的なものを我々は二重に持っている。すなわち、一方においては不純に、實踐的或は具體的に、現實的現象の總和として、他方においては純粋に、理論的或は抽象的に、概念において持っている。理性の現象と理性自體との區別は、生きた動物すなわち感覺的現實と一般の動物の概念との區別に等しい。

何れの現實の理性作用或は認識作用にとっても他の現實の現象が對象となっており、この對象はすべての現實的なものの性質として豊富であり多様である。この多種多様な對象から、思惟能力は同種なもの或は一般的なものを引出す。鼠と象とは同種の一般的な動物概念の中ではその差異を失う。概念は多くのものを包括して統一し、特殊のものから一般的なものを發展させる。このようにすべての理性作用に共通なもの或は一般的なものが概念を成しているのであるから、このことは次のことを、すなわち、一般的理性或は思惟能力及び認識能力の一般的本質は、或る與えられた・現實的・感覺的・現象から、本質・一般的なもの或は共通なもの・精神的なもの或は普遍的なもの・を抽出することの中に存する、ということを證明している。

理性は現實的に存在するものでなく、客體なしに活動しうるものではないから、我々は「純粋」理性・理性「自體」を理性の實踐からのみ認識しうることが理解される。我々は光なしには眼を見出しえないと同じように、それと接觸することによって自らを產み出す對象がなければ理性を見出すことはできないであろう。これらの對象が多様であるのと同じように、理性の現象も多様である。繰返して云うが、理性の本質が現象するのではない。逆に、我々は諸〻の現象から、本質、理性自體或は純粋理性の概念を形成するのである。

精神的な思惟作用は他の感覺的な現象と接觸してはじめて現れる。それによって思惟作用そのものも感覺的現象となり、腦髓の作用と接觸して「思惟能力自體」という概念を產み出す。我々がこの概念を分析するならば、「純粹」理性は、與えられた材料――非物質的思想過程も共にそこに屬する――から一般的概念を產み出すことの中に存することがわかる。他の言葉を使うならば、理性は、それぞれの多様性の中から統一を、それぞれの異ったものの中から同種のものを產み出し、すべての對立を均らす活動である、と性格づけてもよい。ここで述べたことは同じ事柄を種々の言葉で現したにすぎない。というのは、讀者が空虛な言葉でなく、生きている概念を、多様な客體をその普遍的な本質において摑むことを私は希望したからである。

我々の考えによれば、理性は純粹に、特殊のものから一般的なものを發展させ、具體的なもの或は感覺的に與えられたものの中から普遍的なもの或は抽象的なものを調べ出すことの中に存する。このことが純粹に且つ全體的に、理性・認識・知識・意識の內容である。しかし、この「純粹」及び「全體」というのは、それによって種々の思惟作用に共通な內容、理性の一般的形式が與えられるという意味に外ならない。理性はすべての事物と同じように、この一般的抽象的形式の外に、我々が經驗によって直接に認めるところの具體的・特殊的・感覺的形式をも持っている。從って意識の働き全體は、その感覺的經驗すなわち肉體的感受性及び認識に存する。認識は或る物の一般的形式である。

意識（Bewusstsein）は既にその語義からみてもわかるように存在の知識（Wissen des Seins）である。從って意識は一つの形式、特性であって、他の特性から區別されるのは、知っている

(bewusst ist) ということによってである。性質は說明されることはできず、經驗されるだけである。我々が經驗によって知るところによれば、意識すなわち存在の知識には、主觀と客觀との分裂、存在と思惟、形式と內容、現象と本質、屬性と實體、特殊と一般との間における區別・對立・矛盾が含まれている。このような意識に內在する矛盾からお互に矛盾する命名法も說明される。すなわち意識は一方においては一般者の機關、普遍化の能力或は統一の能力と名づけられ——そして他方においてはしかも同じ權利をもって區別の能力と名づけられる。意識は異ったものを普遍化し、普遍的なものを區別する。意識の性質は矛盾である。そしてこの性質は矛盾を含んでいるから、同時にそれは媒介、說明、理解の性質である。意識は矛盾を普遍化する。意識は、すべての自然現象、すべての自然物が矛盾によって生きており、あらゆるものが對立する他者との協同によってのみ存在することを知っている。視覺がなければ見えるものも見えず、逆に視覺も見えるものがなければ見えないように、思惟と存在とを支配する矛盾は一般的なものであることを知らなければならない。思惟能力の科學は矛盾の普遍化によってすべての特殊の矛盾を解消させるものである。

三　事物の本質

認識能力が形而下的な對象である限りにおいて、その認識は形而下的な科學である。しかし、我々がこの能力によってすべての事物を認識する限りにおいて、その科學は形而上學となる。理性の科學的分析が理性の本質に關する通常の見解を轉倒させるように、この特殊の認識は必然的に我々の世界觀全體の一般的轉倒を呼び起す。理性の本質に關するこの認識によって、長い間求められていた「事物の本質」に關する認識は與えられたのである。

我々は、知られ、理解され、把握され、認識されるべきすべてのものを、その現象によってでなく、その本質によって捉えようとする。科學は現象によって眞の存在を、すなわち事物の本質を求める。特殊の事物は何れもその特殊の本質を持っているが、しかしこの本質は眼や、耳や、手に對しては現れず、思惟能力に對してのみ現れる。丁度眼がすべての見えるものを研究するように、思惟能力はすべての事物の本質を研究する。丁度一般に見えるもの (das Sichtbare) が視覺の理論において見出されるように、一般に事物の本質は思惟能力の理論において見出される。

事物の本質は眼等に對してでなく、思惟能力に對して現れる、とここで云ったが、現象の反對のものすなわち本質が現象するというのはいかにも矛盾するように思われるであろう。しかし、前章において我々が精神的なものを感覺的と稱したのと同じ意味において、我々はここで本質を現象と稱する。そして、存在はすべて假象であり、假象はすべて多かれ少かれ本質的存在であることについては、後に精しく述べるであろう。

我々は、思惟能力は活動するためにはすなわち現實的であるためには對象・質料・材料を必要とすることを知った。我々は科學という言葉を單に狹い古典的な意義に解しても、或は例外なしにすべての知識が科學であるという最も廣い意義に解しても、科學の中には思惟能力の結果が現れている。科學の一般的對象すなわち物質は感覺的現象である。感覺的現象は周知のように物質の無限の交代である。世界及びその中のすべてのものは、空間的には並存し、時間的には繼起する物質の變化から成立っている。世界、すなわち感覺或は宇宙、は空間的・時間的にそれぞれ獨自であり、新しくあり、決してかつてあった如くではない。世界は我々の眼前で發生しては消滅し、消滅しては發生する。一としてとどまるものなく、變らぬものは永遠の交代だけである。しかもその交代もさまざまである。時間・空間のどの部分においても新しい交代が行われる。勿論唯物論者は物質の不變・永遠・不滅を主張する。唯物論者は我々に、今まで一グランの物質も世界から失われたことはなく、物質が永遠にその形態を變えるだけであり、しかも物質そのものは破壞もされず滅びることもない、と教える。しかし唯物論者は、物質其物とその消滅する形態とを區別するにも拘らず、他方においては何人にも增して、物質と形態との同一性を强調しようとする。唯物論者が反語的に形態のない物質と物質のない形態とについて語り、しかもその後で永遠の物質の移り變る形態について語るならば、唯物論が觀念論と同じように、形態と內容、現象と本質に關して說明をなしえないことは明かである。我々はかの永遠の、不滅の、從って形態のない物質をどこで見出すであろうか。感覺的現實界においては我々はいつでも形態のある、移り變る物質に出會うだけである。いかにも物質はどこにもある。或る者が消滅するところでは他の者が發生する。しかし、かの單一な、自己同一的な、形態を變えない物質は實際上どこでも發見されたことはない。化學的に分解することのできない元素もその感覺的現實においては相對的な單位にすぎず、一般に時間の經過においても、空間の擴がりにおいても、並存及び繼起の關係において異っている。それは丁度、或る有機體が、いかにも形態だけは變っても、その本質・一般性においては始めから終りまで一貫して變らないのと同じである。私の身體は肉や骨やその他附屬するすべてのものを絕えず變えるが、身體は依然として同一である。一體、變化する現象から區別されるこの身體そのものはどこにあるのであろうか。答は、その多樣な形態の全體、すなわち概括して統一された總和の中に、である。永遠の物質、不滅の物質は、現實的に或は實際上は移り變る形態の總和としてのみ存在する。物質は不滅であるというのは、いつでもどこにも物質があるということを意味しうるにすぎない。我々の言うように、變化は物質に存し、物質は變らず、變化するものが交代するだけであることが眞であるならば、我々は關係を逆にして、物質は變化の中に存し、物質は變化するものであり、變化のみが變らないものである、と云っても眞であろう。物質的變化と不變の物質とは全く言い方が違うだけのことである。

感覺的世界すなわち實踐においては、永久のもの、同一のもの、本質的のもの、「事物自體」

は存在しない。すべては交代であり、變化であり、云わば幻影である。一つの現象は他の現象を追い出す。「それにも拘らず、」とカントは云う、「事物は自體的にも存在する或る者である。何となれば、さもなければ現象を生ぜしめる或る者のない現象があるというつじつまの合わない矛盾に陥るからである。」しかしそうではない。現象と現象を生ぜしめるものとの差異は十マイルの道の內容と道そのものとの差異、或は小刀と柄及び刃との差異と同じである。我々は小刀において柄と刃とを區別するが、しかし柄も刃もなければ小刀は存在しない。世界の本質は絕對的變化である。現象が現れる――それだけのことである (voilà tout)。

「事物自體」・本質とその現象との矛盾は、完全な理性批判によって完全に解決される。すなわちその矛盾は、人間の思惟能力は任意の數の感覺的に與えられた多樣性を精神的統一・本質として捉えること、特殊のもの或は雜多なものにおいて同種のもの或は一般的なものを認めること、從って一般者に對立するすべてのものをヨリ大きな全體の個々の部分として理解すること、等を認識することによって完全に解決される。

言いかえれば、感覺世界の絕對に相對的な・一時的な・形態は我々の腦髓活動にとっての材料となり、我々の意識は同種のもの或は普遍的なものという標識によってこの材料を抽象し、これを體系化し、秩序づけ或は規制する。無限に多樣な感覺界は精神すなわち主觀的統一に出會う。すると、そこで精神は多者から一者を、部分から全體を、現象から本質を、消滅から不滅を、屬性から實體を作り上げる。實在、本質或は事物自體は理想的な、精神的な產物である。意識は雜多なものを集計して統一することを心得ている。集計される量は任意である。理論的には宇宙の多樣性全體が統一として捉えられる。然るに實踐的には小さい抽象的な統一は解消して無限に多樣な感覺的現象となる。我々の頭腦以外のどこに實踐的統一が見出されるであろうか。二分の二、四分の四、八分の八等無限の數に分けられた部分が、それによって悟性が數學的一を作り上げるための材料である。この書物、その頁、その文字或はその部分々々が統一ではなかろうか。私はどこで始め、そしてどこで終るのであるか。同じ權利をもって私は、多くの藏書を持った圖書館、家と庭、そして最後に世界を統一と名づけうるであろう。何れの事物も部分であり、何れの部分も事物ではなかろうか。木の葉の色は木の葉そのものと同じように物ではなかろうか。色のない木の葉はあるだろうが、しかし木の葉がなければ色もありえないから、色を單に屬性と稱し、木の葉を質料或は實體と稱する人も恐らくあるだろう。ところが我々が砂の堆積から砂を取り出して行けば砂の堆積のなくなるのが確實であるように、我々が木の葉からその屬性を取去って行けばすべての質料或は實體もなくなるに違いない。色が光、木の葉及び眼の相互作用の總計にすぎないように、木の葉の「その他の質料」も種々の相互作用の集計に外ならない。我々の思惟能力が木の葉から色という屬性を毟り取り、その屬性を「事物自體」として固定させるように、我々は更になお任意の數の屬性を木の葉から取去ることができよう。しかしそれは木の葉からその「質料」を次第に取去って行くことである。色はその性質から云えば、木の葉に劣らず質料或は實體であり、木の葉は色と同じく純粹の屬性である。色が木の葉の屬性であるように、木の葉は樹木の屬性、樹木は地球の屬性、地球は世界の屬性である。世界だけが本來の實體、一般的質料であって、それに對してすべての特殊の質料は屬性にすぎない。そこでこの世界質料からみれば、現象から區別された本質・事物自體は考えられたものにすぎないことは明かである。

精神は一般的に、屬性から實體へ、相對者から絶對者へ、假象を越えて眞理へ、事物「自體」へ到達しようと努力したが、その努力の結果、實體は思想によって集められた屬性の總計であること、從って、精神或は思想は、感覺的多様性から精神的統一を創り出し、世界の移り變る事物或は屬性を結合することによって、獨立的な存在「自體」すなわち絶對的な全體として捉えるところの唯一の實體的な存在であることが明かになった。精神は屬性に滿足せず、絶えず實體を尋ね、假象を棄て去り、眞理・本質・事物自體を求め、そして最後にこの實體的眞理が、眞理でないと想像されたものの總計、すなわち現象の全體であることを明かにしたが、それによって精神は自分が實體の創造者であることを實證した。しかし、この創造者は無からでなく屬性から實體を、假象から眞理を產み出すものである。

現象の背後に本質が隱れていてこの本質が現象するという觀念論的な考えに對しては、この隱れた本質は外界にではなく、人間の頭腦の中に別に住んでいるという認識をもって酬いることができる。しかし、頭腦は假象と本質、特殊なものと一般的なものとを感覺的經驗にもとづいてのみ區別するのであるから、この區別は根據のあることであり、この認められた本質は現象の背後にはなくても、しかし現象の中には現存し、客觀的に現存するということ、そして我々の思惟能力は本質的・實在的な能力であるということ、を見失ってはならない。

事物が事物として存在するのは、「自體」として、本質においてではなく、他者との接觸において、現象においてのみであるということは、自然的事物についてのみでなく、精神的事物についても、更に形而上學的にはすべての事物について言いえられる。この意味において我々は次のように言うことができよう。すなわち、事物は存在するのでなく、現象するのである、そしてそれが空間・時間において接觸する他の諸現象が多様であるように、無限に多様な現れ方をするものであると。しかし、「事物は存在するのでなく、現象するのである」という命題は、誤解を避けるためには、「現象するものは存在する、」しかしそれが現象する範圍内においてのみである、という命題で補われなければならない。「我々は熱そのものを知覺することはできない、」とコッペ教授の物理學は言っている、「我々は熱の作用から推論して、この動因が自然の中に存在することを推測するだけである。」このように推論する自然科學者は、實踐的に物の作用を熱心に歸納的に研究することによって物の認識を求めているのであるが、論理學の理說の理解を缺いているために、隱れた「事物自體」への思辨的信仰に助けを求めるのである。それとは逆に、我々は、熱そのものの知覺できないことから推論して、自然においてこの動因は現存せず、自體として存在することもないと考える。むしろ我々は、熱の作用は物質的材料であって、この材料から人間の頭腦が「熱そのもの」という概念を作り上げると理解している。科學が恐らくまだこの概念を分析してないので、教授は、我々は熱概念の對象を知覺しえない、と云ったのであろう。熱の種種の作用の總和、これが熱そのものであり、それ以外には熱はない。思惟能力はこの種々の作用を概念において統一として捉える。この概念を分析すること、熱と呼ばれている極めて多様な現象或は作用の中から共通なもの或は一般的なものを發見することが歸納的(六)科學の職分である。しかしその作用から引離された熱は、柄も刃もないリヒテンベルクの小刀と同じように、思辨の産物にすぎない。

思惟能力は感覺の諸現象と接觸して事物の本質を産み出す。しかし思惟能力は獨りで、勝手に或は純粋に主觀的に事物の本質を産み出すのではない。それは丁度、眼、耳或はその他の任意の器官が客體なしにその印象を産み出しえないのと同じである。我々が見且つ觸れるのは事物「そのもの」ではなく、我々の眼、手等々へ及ぼす事物の作用だけである。種々の視覺の印象から共通のものを抽象する腦髓の能力は、視ること一般を特殊の視覺から區別することを我々に可能にさせる。思惟能力は、一般的な視覺の對象としての個々の視覺を區別し、更にその上に主觀的な視覺現象と、客觀的な視覺現象すなわち個々の眼に見えるだけでなく一般的な眼に見える現象とを區別する。會靈者の幻想、或は閉じていても充血した眼に見える主觀的な印象、痙攣的な閃光、火の輪等も批判的な意識にとって客體である。數哩先で明るい太陽の下に輝いている物は、質的には、視覺上の幻像と全く同じに外在的であり眞實である。耳鳴りのしている人も、鈴の音ではないにしても、必ず何かを聞いている。何れの感覺的現象も客體であり、何れの客體も感覺的現象である。主觀的な客體は一時的な現象であり、何れの客觀的な現象もまた移り變る主觀にすぎない。客觀的對象はヨリ外面的な、ヨリ隔った、ヨリ固定した、ヨリ一般的な形で存在するであろうが、しかしそれは本質・事物「自體」ではない。客觀的對象は私の眼にだけでなく他人の眼にも現れ、視覺に對してだけでなく、觸覺・聽覺・味覺等に對しても現れ、人間に對してだけでなく他の客體に對しても現れる——しかしそれはただ現象するだけのことである。それは此處と彼處とで違うように、今日と明日とでも異る。すべての存在は相對的であり、他のものに關係し、さまざまの繼起及び並存の關係の中で動いている。

感覺的印象すなわち現象は何れも眞實の、本質的な對象である。眞理は感覺的に現存し、存在するものはすべて眞實である。存在と假象とは關係にすぎず、對立ではない。現に一般にすべての對立は我々の概括能力或は思惟能力の前では消失する。というのは、この能力こそはすべての對立を調停し、すべての差異の中に統一を見出すものであるから。ある(ist)の不定法の存在(Sein)すなわち一般的眞理は、思惟能力の一般的對象、一般的材料である。この材料は感覺を通じて多種多樣に我々に與えられる。感覺は我々に世界全體という原料を絶對的に質的に與える。言いかえれば、感覺的原料の質は思惟能力に對して絶對に多樣である。しかし、ここで多樣であるというのは、一般的・本質的にではなく、特殊的に、すなわち現象においてのみ多樣であるという意味である。感覺的現象と我々の思惟能力との接觸の關係から量が生れ、本質、事物、眞の認識或は認識された眞理が生れる。

本質及び眞理は同じ事柄に對する二つの言葉である。眞理或は本質は理論的性質のものである。

前に述べたように、我々は世界を二重に、すなわち感覺的及び精神的に、實踐的及び理論的に知覺する。實踐は事物の現象を——理論は事物の本質を我々に與える。實踐は理論の前提であり、現象は本質或は眞理の前提である。同一の眞理が實踐においては並存及び繼起の關係において現れ、理論的には緊密な統一として存在する。

實踐・現象・感性は絶對に質的である。すなわち、それは量を持たず、空間・時間において何等の限界を持たないが、これに反しその質は絶對に多様である。一つの事物はその部分が無數であるように、その性質も無數である。それとは逆に、思惟能力の作用すなわち理論は絶對的に量的であり、任意に無限の數の量を創り出し、いかなる質の感覺的現象をも量として、本質、眞理として捉える。何れの概念も或る量の感覺的現象をその對象とする。何れの對象も思惟能力によって量、統一、本質或は眞理としてのみ把握される。

概念能力は感覺的現象と接觸して、現象するもの、本質的なもの、眞なるもの、共通なもの或は一般的なものを產み出す。概念ははじめはこのことを本能的に行うにすぎないが、科學的概念はこの行爲を知識と意志とをもって繰返し遂行する。或る對象例えば熱を認識しようと欲している科學の認識は現象を求めているのではない。すなわち、いかにして熱は鐵や蠟を溶かすか、或は善いことをし或は苦痛を與えるか、卵を固くし氷を液體にするか、動物の熱、太陽及び煖爐の熱はいかに異るか等について聞いたり見たりしようとはしない。これらの事柄は思惟能力にとっては作用・現象・性質にすぎない。思惟能力は事體・本質を求める、すなわち見られ、聞かれ、觸れられたものの中から集約的・一般的な法則、簡潔な科學的精髓を求める。事物の本質は感覺的・實踐的な對象ではありえない。事物の本質は理論・科學・思惟能力の對象である。熱の認識とは、熱と名づけられる現象において共通のもの、一般的のもの、本質或は眞理を認めることである。熱の本質は實踐的には熱現象の總和の中に、理論的にはその概念の中に、そして科學的にはその概念の分析の中に存する。熱の概念を分析するとは熱現象の一般的なものを發見することである。

一般者が眞の存在であり、事物の眞の性質である。我々は雨を規定して、土地を肥沃ならしめるというより、濕っぽいという方が眞實である。というのは、雨は周く廣く濕っぽくするが、ときどきここかしこの土地を肥沃にするだけであるからである。私の眞の友人というのは、私の生涯を通じて、昨日も明日も、いつでも友情の變らない友人のことである。勿論我々は全然變ることのない絶對的友誼を信ずることはできないであろう。それは絶對的眞理を信じえないと同じことである。完全に眞理であり一般的であるものは存在一般・世界全體・絶對的量だけである。これに反し現實的世界は絶對に相對的であり、絶對に無常であり、無限の假象であり、無限の質である。すべての眞理はこの世界の構成部分すなわち部分眞理にすぎない。假象と眞理とは硬軟・善惡・正邪のように相互に辯證法的に移行し合うものであるが、しかしそれによって區別がなくなるわけではない。私は、「自體的に」土地を肥沃ならしめる雨や「自體的に」眞實な友人のないことは知っているが、しかし或る一定の狀態に關しては、雨を土地を肥沃ならしめるものと稱することもできるし、私の友達の間でも眞實の程度の多少を區別することもできる。

一般者が眞理である。一般者とは一般に存在するもの、すなわち、現存（Dasein)、感性である。存在が眞理の一般的標識である。何故なら、一般者が眞理の標識となるものであるから。ところで存在は一般的な形で現存するものではない。すなわち一般者が現實或は感覺界において實際に存在するのは特殊な方法と樣式とにおいてのみである。感覺界は自然及び生命の一時的な多樣な現象の中にその眞實の感覺的現存を持っている。從って、すべての現象は相對的な眞理であり、すべての眞理は特殊な時間的現象であることは明かである。實踐上の現象は理論における眞理であり、逆に理論上の眞理は實踐において現象する。對立物は相互に制約し合う。すなわち、眞理と誤謬は、存在と假象、死と生、光と闇と同じように、また世界の凡ての事物と同じように、比較的のものにすぎず、度量、容積或は程度の差があるだけである。言うまでもなく世界の一切の事物は世界に屬するのであるから、同一の物質、同一の本質、同一の種屬、同一の性質に與っている。言いかえれば、感覺的假象のどの位の量であっても、それが人間の思惟能力と接觸すれば一つの本質、一つの眞理、一つの一般者を形造る。意識にとっては一片の塵も塵の雲も、ヨリ大きい地上の雜多な事物と同じように、一方においては本質的な「事物自體」であるが、他方においては單に絶對的な客體すなわち世界全體のかりそめの假象にすぎない。この世界全體の内部において種々の現象は我々の精神によって目的に應じて任意に體系づけられ或は概括される。化學上の元素も有機體の細胞も植物界全體と同じ位多面的な組織である。最小の物も最大の物と同じように、個體、種、屬、科等々に分類される。この組織化、この概括、この本質の產出は、上の方へは無限の宇宙にまで進み、下の方へは無限の部分にまで及ぶ。思惟能力にとっては、すべての性質は本質的な事物となり、すべての事物は相對的な性質となる。

何れの事物、何れの感覺的現象もいかに主觀的であり、一時的であるにしても、眞實であり、多かれ少かれ或る量の眞理を持っている。言いかえれば、眞理は一般的存在において存在するだけでなく、特殊の存在もまた何れもその特殊の一般性或は眞理を持っている。どのような對象も、例えば一時的な理念であっても、上層の空氣であっても、手で摑める物質であっても、多様な現象の一定量である。思惟能力は多様性の中から一つの量を作り出し、雜多の中に同一を、多者の中に一者を認める。精神と物質とは少くとも存在するという點では共通である。有機物と無機物とは少くとも物質的であるという點では一致する。たしかに人間、猿、象及び土地に固着した植物狀動物は種屬全體として (toto genere) 異っている。しかしそれにも拘らず、我々は一層大きな差異をも有機物の概念の下で結合することができる。石が人間の心臟といかに異って居ようとも、思惟する理性は兩者の間に無數の類似點を認める。この兩者は少くとも物質的性質の物である點においては一致する。すなわち、兩者は共に目方があり、眼で見、手で摑むことができる等々。その差異が大きいほど、その一致點も大きい。ソロモンが「日の下に新しきものなし」（七）と云ったのも、シラーが「人の世は年老いるがまた若返る」（八）とうたったのと同じように眞理である。いかなる抽象的なもの、例えば、本質、存在も、いかなる一般性も、感覺的存在として現れた場合には、多様であり、個體的であって、すべての他者と異っていないものがあろうか。いかにも、お互に等しい二つの水滴は存在しない。今の私はつい一時間前の私とはもはや全く異っている。そして私と私の弟との間の同一性が、懐中時計と蠣との間の同一性或は類似性より大きいのは、單に量的であり、程度の差であるにすぎない。要するに、思惟能力は絶對的な結合能力であって、無限の多様性を一つにまとめるものである。感性は絶對にすべてのものを異った、新しい、個體的なものとして現れさせるが、思惟能力は例外なしにすべてを總括し、概括する。

我々がこの形而上學を我々のテーマである認識能力へ適用するならば、その諸〻の作用は、すべての他の事物と同じように、感覺的現象に屬する。感覺的現象はそれ自體だけですべて同じように眞である。すべての精神の現れ、すべての思想、臆見、誤謬等々の基礎には或る眞理が存在し、すべては眞理の核を持っている。畫家は彼の創作するすべての形態を必ず感覺から借りて來るように、すべての思想は必ず眞の事物の肖像であり、眞の客體の理論化である。認識が認識である限り、すべての認識によって何物かが認識されることは自明である。知識が知識である限り、何れの知識によっても何物かが知られることは言うまでもない。このことは、AはAである、という同一律に、或は、百は千でない、という矛盾律にもとづいている。

すべての認識は思想である。しかし、これと反對に、すべての思想は認識である、と言えば反對する人があるかも知れない。人々は、「認識する」を定義して思惟の特殊の樣式すなわち眞の、客觀的な思惟として、私念する（meinen）、信ずる或は空想する、と區別するかも知れない。しかしそれにも拘らず、無限の差異はあってもすべての思想には共通性のあることも見失ってはならない。思惟能力の法廷では、思惟は他のすべてのものと同じように扱われる、すなわち、思惟は一様のものとなる。私の昨日の思想が今日の思想といかに異って居ようとも、また人と時との違いによって思想にいかに差異があろうとも、また我々が理念、概念、判断、推理、表象等々をいかに鋭く區別しようとも、これらすべてが精神の現れである限り、同一の、共通の、一様の性質をも持っている。

そこで以上のことから、眞の思想と誤った思想との差異、認識と誤認との差異は、一般のすべての差異と同じように、相對的に通用するにすぎない、という結果が生ずる。一つの思想はそれ自體としては眞でも僞でもなく、一定の與えられた對象と關係してのみ眞になったり僞になったりする。思想、概念、理論、本質、眞理は、何れも一つの對象に屬するという點で一致する。一般に對象は多様な感覺界すなわち「外にある世界」の一定量であることは我々が既に學んだところである。認識され、把握され或は理解されるべき一定量の存在すなわち對象という言葉は、慣用によってその意味が豫め規定され或は限定されている以上、眞理とはこのように與えられている感覺的定量物の中に一般者を見出すことである、と云える。

感覺的定量物すなわち世界の事物はすべてその假象の外に眞理を、現象を通じて本質をも持っている。感覺界が空間的・時間的に無限に分割しうるように、事物の本質も無數である。現象の各小部分はその固有の本質を持ち、各〻の特殊の假象はその一般的の眞理を持っている。現象は感覺との接觸によって、本質或は眞理は我々の認識能力との接觸によって生れる。それ故我々にとっては、事物の本質がテーマである場合には認識能力に言及し、認識能力を問題にする場合には事物の本質或は眞理を取扱う、という避けがたい必然性があるわけである。

はじめに云ったように、眞理の標準には理性の標準が含まれている。理性と同じように、眞理は、感性界の與えられた一定量から一般者、抽象的理論を展開させることの中に存している。從って一般の眞理が眞の認識の標準であるのではなく、一定の對象の眞理をすなわちその一般者を產み出す如き認識が眞理であると言える。眞理は客觀的でなければならない、すなわち一定の對象の眞理でなければならない。認識は自體的に眞であることはできず、單に相對的に、一定の對象に關係してのみ、外面的事物にもとづいてのみ眞でありうる。認識の課題は特殊の者から一般者を發展させることの中に存する。特殊なものが一般者の尺度（すなわち、制約、前提）であり、眞理の尺度である。凡そ存在するものは、その多少に拘らず、悉く眞である。一度び存在が與えられれば、その一般的性質は眞理であるという結果が生ずる。一般者がどれだけ一般的であるかという程度の區別、存在と假象、眞理と誤謬との區別は、一定の限界內にあり、特殊の客體への關係にもとづいている。一つの認識が眞であるかないかは、その認識そのものによるのではなく、その認識が自分自身に課し、或は他處からその認識に與えられる限界乃至は課題によって定まる。完全な認識は定められた制限の內においてのみ可能である。完全な眞理とは常に自己の不完全を意識している眞理である。すべての物體は重いということは、旣に豫め物體の概念が重さのある對象に限られているから、完全に眞である。理性があらゆる重さを持ったものから物體一般を形造ったのであるからには、物體が一般的・普遍的に重さを持つことが絶對に確實であると云っても別に不思議ではない。我々が鳥という概念を抽き出したのが專ら空を飛ぶ動物からのみであったとしたならば、空中でも地上でも或はその他の場所でも、すべての鳥は飛ぶと考えて差支えがない。そしてその際、必然性及び嚴密な一般性の標識によって經驗的認識とは異るとされている先天的（a priori）認識を信仰する必要はない。眞理は或る前提の下に眞理であり、前提によっては眞理も誤謬となる。太陽が輝くということは、雲のない空という前提の下に理解されれば、眞である。眞直ぐな棒は流れる水の中では曲るということも、この眞理を視覺的眞理のみに限るならば、鳥の例に劣らず眞である。感覺的現象の或る與えられた範圍内における一般者が眞理である。感覺的現象の或る與えられた範圍内における個別的なもの或は特殊のものを一般者と稱するのが誤謬である。眞理の反對である誤謬は、一般的に、思惟能力或は意識が無考えに、あさはかに、經驗なしに、感覺或は感性が立證する以上の一般的擴張を現象に與えることによって生ずる。例えば、現實の本當の視覺的存在を、早まって有形的存在と臆測する場合の如きである。

誤謬の判斷（Urteil）は先入見（Vorurteil）である。眞理と誤謬、認識と誤認、理解と誤解は、科學の器官である思惟能力の中で一緒に住んでいる。感覺的に經驗された事實の一般的表現は思想一般であって、その中には誤謬も含まれている。ところで誤謬が眞理から區別される所以のものは、その誤謬が、自らがその表現であるところの一定の事實に對して、感覺的經驗が敎えるよりヨリ大きい、ヨリ廣い、ヨリ一般的な存在を僭稱するところにある。僭越が誤謬の本質である。ガラス玉は、眞珠であると僭稱するときはじめて贋物となる。

シュライデン(九)は眼について次のように言っている。「若し激動した血液が血管を膨ませて神經を壓迫するならば、我々はそれを指においては苦痛と感じ、眼では痙攣する閃光を見る。そこで我々は、我々の表象は我々の精神が自由に創造したものであり、外界は在るがままの姿で我々に對して現れるものではなく、我々への外界の影響は或る特殊の精神活動への機緣となるにすぎない、という決定的な證明をえたわけである。この精神活動の產物は屢〻外界と一定の規則的な連關を持つこともあるが、しかしまた外界と何の關係もないことも屢〻である。我々は自分の眼を押しつけ、そして光の輪を見るが、しかし光る物は何も存在しない。――すべての種類の誤謬のいかに多くのそして危險な源泉がここから流れ出るかは容易に理解される。霧の深い月夜のおどけた物の姿から會靈者の氣狂いじみた幻影に至るまで、我々は一連の錯覺を知っている。この錯覺のすべては自然や自然の嚴密な法則性から生れたものではなく、自由な、從って誤謬を免れえない精神活動の領分に屬するものである。精神がそれに固有なあらゆる誤謬から脫し、誤謬を完全に支配しうるに至るまでには、周到な顧慮と多面的な教養とが必要である。廣い意味で『讀むということ』(Lesen)は我々にとってはやさしいことのように見えるが、しかしそれはむずかしい技術である。神經の報告の中どれを信賴して、それによって表象を作っていいかを知るに至るには一足飛びには行かない。科學を事とする人々と雖も、この點では屢〻誤りに陷っている。

しかも、誤謬の源泉をどこに求めるべきかを理解していなければいないほどその誤りは數多くなる。」……「若し我々が光を全くそれだけで觀察するならば、光は明るくもなく、黄でも青でも赤でもない。光は、非常に微細な、至るところに行き亙っている物質すなわちエーテルの運動である。」

右のように考えれば、光と輝き、色と形とのこの美しい世界は、現實に存在しているものの知覺ではないことになる。「葡萄の葉の濃く茂った屋根を通して、太陽の光線が靜かに快い日蔭に搖れている。諸君は光線そのものを見ているつもりでいるが、諸君の認めるのは全く光線とは違って、塵の群に外ならない。」光と色の眞理は、「一秒間に四萬マイルの速度でエーテルを通して絶えず休みなく突進している波動」である。光と色とのこの眞の物體的な性質は摑み難いものであるので、「光の本來の性質を我々に明かにするためには、むしろ偉大な思想家の洞察力を必要とするであろう。」……「我々の感官のそれぞれは全く特定の外界の影響を受入れるだけであり、それぞれの感官の刺戟は我々の心に全く異った表象を呼び起す、ということを我々は知った。それで感覺器官は、科學によって我々に開示される外面的な無心の世界（エーテルの波動）と我々がその中に精神的に住んでいる美しい（現實的、感覺的）世界との媒介者の位置にある。」

ここでシュライデンがあげた例を見てもわかるように、我々の時代は、二つの世界の理解に關して今なお混亂しており、そしてエーテルの波動によって代表されるところの、思惟能力、知識或は科學の世界と、眼或は現實の、明るい色と光とによって代表される、我々の五官の世界との媒介を求めるという無駄な努力をしている。我々はこのことによって同時に、思辨的世界觀の傳統的殘滓が近代の自然科學者の口からわけのわからぬ寢言となってもれる、という實例を持つことになる。この狀況の混亂した表現は、その中で「我々が精神的に住んでいる」「科學の物體的世界」というものを區別している。精神と感官、理論と實踐、一般的なものと特殊なもの、眞理と誤謬との對立は意識されている――しかし解決が缺けている。彼らは解決の缺けていることは知っているが、それをどこで探したらいいかわからない、それで混亂しているのである。

思辨の克服すなわち感覺によらない科學の克服、感覺の救い出し、經驗による基礎づけが我々の世紀の偉大な科學的業績である。この業績に理論的承認を與えることが、誤謬の源泉について理解する所以である。思辨哲學は精神にのみ眞理があり、虛僞は感覺にあると考えているが、我我はこのような哲學的臆見を轉倒し、感覺によって眞理がえられ、誤謬の源泉は絕對的のものと臆斷された精神の中に求むべきであると考える。神經の或る種の報告を信じ、それのみを信頼し、且つそれを辨別する特殊の標準も發見しえずに、ただ漸次的に習得して行くべきである、とするのは迷信である。我々は臆せずにすべての感覺の證言に信頼する。そこには眞正なものから分けられるべき虛僞なものは何もない。非感性的な精神のみが詐欺師であって、感覺を出し拔くことを企てたり、感覺の言ったことを誇張したり、感覺について言われもしないことを蔭で噂したりする。血液が激動したり、眼を外から押えたりして、眼が痙攣的な閃光や火の輪を見る場合でも、眼が他の外界の現象を知覺する場合と同じように、それは決して誤謬ではない。そのような主觀的な出來事を「先天的に」(a priori) 客觀的な物體と見なすとき、我々の意識が誤謬を犯すことになる。會靈者が彼の個人的視覺を視覺一般として、一般的現象として主張するとき、そして彼の經驗しないことを輕率にも經驗であると稱するとき、はじめて彼は誤りに陷る。誤謬は眞理の法則に對する違反であり、この法則は我々の意識に對して次のことを指圖する。すなわち、意識は前提を記憶していなければならない、そしてこの前提にもとづいて、その內部で一つの認識が眞でありすなわち一般的であるところの制限、が意識されねばならない、と指圖する。誤謬は特殊のものを一般的のものに、賓辭を主辭に、個々の現象を一般的な事柄にする。誤謬は先天的に、(a priori) 眞理を認識し、誤謬の反對物は、誤謬とは反對に、後天的に (a posteriori) 認識する。

先天的認識と後天的認識という二種類の認識の相互關係は、哲學と、科學一般という最廣義における自然科學との關係に等しい。信仰と知識との對立は哲學と自然科學との對立において繰返される。思辨哲學は宗教と同じように信仰という境地で安住していた。近代の世界は信仰を顚倒して科學にした。政治的反動の親分どもが科學の回心を要求しているのは、それによって信仰への復歸が考えられているのである。信仰の內容は骨折らずにえられる利得である。信仰は先天的に認識する。科學は勞働であり、後天的にたたかいとられた認識である。信仰を放棄することは、怠け者を廢業することである。科學を後天的認識に制限することは、近代の特徴を示す記念物すなわち勞働をもって科學を飾ることを意味する。

シュライデンが光と色との現象に現實と眞理を否認し、それは精神が自由に創造した幻像であるとしたことは、自然科學の成果ではなく、哲學的な惡習である。彼が「一秒間に四萬マイルの速度でエーテルを通して絶えず休みなく突進している波動」を光と色との眞に現實的な性質とみて、光と色との現象に對立させたとき、哲學的思辨に對する迷信が彼をして歸納法という科學的方法を否認させたのである。この考えが逆立していることは、彼が眼に見える物體的世界を「精神の創造物」とし、「偉大な思想家の洞察力」によって明かにされたエーテルの波動を「物體的な自然」と稱したことによって明白である。

科學の眞理と感覺的現象との關係は、一般的なものと特殊なものとの關係に等しい。光と色との眞理と言われる光の波動は、それが種々の、すなわち明るい、黄色の、青色の等々の光の現象の一般性である限りにおいてのみ、光の「本來の性質」を代表している。精神或は科學の世界は感性の中にその材料、前提、基礎、端初、限界を持っている。

事物の本質或は眞理はその現象の背後にあるのでなく、現象によってのみ認められるということ、そしてそれは「それ自體だけで」存在するものではなく、認識能力と關係してのみすなわち理性に對してのみ現實に存在するということ、そして概念のみが本質を現象から區別するということ、そしてまた他方においては、理性は或る概念を自分の中から作り出すのではなく、現象と接觸してのみ概念を獲得するということ、これらのことを我々が知ったならば、我々は、「事物の本質」というこのテーマが、思惟能力の本質は我々がその感覺的現象からえて來た概念である、ということを證明しているのを見出すであろう。思惟能力はその對象の選擇においては普遍的であるが、一般に與えられた對象を必要とするという點では制限されていること、そして眞正の思惟作用すなわち科學的成果を伴う思想は、知識と意志とをもって外界に存在する對象と結びついていることによって、非科學的思惟から區別されるということ、そしてまた眞理或は一般者は「自體的に」認められるのではなく、或る與えられた對象によってのみ認識されるということ、これらのことを認めるならば、いろいろの言い方をされたこの命題が認識能力の本質を含んでいることが理解されるであろう。この命題は各章の終りで繰返される。というのは、すべての特殊の眞理、すべての特殊の章は、一般的眞理を説く一般的な章を實證することのみをその任務とすべきであるから。

四　自然的科學 (physische Wissenschaft) における理性の實踐

我々は、理性は感覺的材料・自然的客體と結びついているものであり、從って科學は決して自然的科學以外のものではありえないことを知っているが、しかし、一般に通用している考えと言葉の慣用とに從って、自然學 (Physik) を論理學や倫理學から分離し、これらを科學の種々の形態として區別してもいい。しかしその場合、自然學においても論理學や道德におけると同じように、一般的或は精神的認識は、特殊なすなわち感覺的な事實にもとづく實踐によってのみえられる、ということを指摘しておくのは重要なことである。

このような理性の實踐、すなわち物質から思想を、感性から認識を、特殊なものから一般的なものを產み出すことは、自然的研究においては一般的に認められてはいるが、しかし實踐的に承認されているにすぎない。人々は歸納法で處置しており、このやり方を意識してはいるが、自然科學の本質が知識・理性一般の本質であることを見損っている。すなわち思惟過程が誤解されている。自然科學の人達には理論が缺けている、そのため餘りに屢々實踐的に拍子外れになるのである。思惟能力は自然科學にとってはいつでも未知の、不思議な、神祕的なものである。自然科學は、唯物論的に、機能を器官と、精神を腦髓と混同するか、或は觀念論的に、思惟能力は非感性的な對象として自然科學の領域以外に存在すると信ずるかである。我々の見るところによれば、近代の科學者は自然的事物においては確實な、一致した歩みでその目標に向って進んでいるが、これらの事物の抽象的な關係については盲目的に「あちこち手探りをしている。」歸納的方法は自然科學においては實際に使われており、その成果によって名聲を博している。然るに、思辨的方法はその不首尾によって信用を失った。ところが、人々は、これらの種々の考え方を意識的に理解するまでにはまだ到底至っていない。我々は、自然研究に從う人達がその專門の領域を離れて一般的問題に論及すると、思辨の產物を科學的事實として三百代言的に主張するのを見る。彼等は專門の領域における眞理を感覺的現象のみによって產み出しながら、しかも思辨的眞理を自己の精神の奧底から汲出しうると信じている。

我々は、アレクサンダー・フォン・フンボルトが彼の『宇宙』の序論において思辨について說明しているのを聞こう。「それ故、感覺による自然研究の最も重要な成果は次のこと、すなわち、多樣性の中に統一を認め、個々の現象に關しては近時の發見が我々に提供しているものをすべて總括し、個別的なものを吟味して分離し、しかもその重量に負けないこと、そして人類の崇高な使命を忘れずに、現象の覆いの下にかくされている自然の精神を捉えることである。この方法によって我々の努力は感性界の狭い限界を越える。そして我々は、自然を把握することによって、經驗的觀察という生《なま》の材料を言わば理念によって支配することに成功することができる。一般的世界誌（Weltbeschreibung）の科學的取扱いに關する私の考えは、理性から與えられた僅かの根本原理に従って統一を導き出そうというのではない。私は、經驗によって與えられた現象を自然全體として觀察し且つ考えようとする。私は私の專門外の領域にまで冒險を試みようとするものではない。それ故、私が物理的世界誌と名づけるものは、決して自然の合理的科學（rationelle Wissenschaft）の地位を要求するものではない。」……「私の以前の著述の性格と私の仕事の性質とは事實の實驗・測量・探究に專らになることであったが、今度もそれに忠實に從って、この書物においても同題を經驗的觀察に限ることにする。これが、私が比較的にあぶな氣なく活動できる唯一の領域である。」續けてフンボルトは、「何よりも個別的なものの認識に對する愛着がなければ、いかに偉大なそして一般的な世界觀と雖も空中樓閣以上のものではありえない。」と言い、更に、彼の經驗科學とは反對に、「宇宙の思惟的（思辨的と言ってもいい）認識、理性的把握は更に一層崇高な目的を提供するであろう。」「私は私が試みたことのない努力を、その成果が從來甚だ疑問であるからと云って、決して非難しはしない。」と云っている。（第一卷六八頁）

さて、自然科學とフンボルトとは、自然的科學における理性の實踐は專ら「多樣性の中に統一を認めること」にあるという意識においては一致する。しかし他方において、科學は思辨への信仰、「理性的認識」への信仰をいつでもフンボルトのようにはっきり言い現しているわけではないが、それにも拘らず、いわゆる哲學的テーマ——それは、多樣な感性界からでなく、理性から統一を見出すことと考えられている——の取扱いに思辨的方法を適用することによって、そしてその場合には意見の統一が絶對にないことによって、また意見が一致しないのは非科學的であるということを知らないことによって、いかに科學は科學的實踐を誤解しているか、いかに科學は自然的科學の外になお形而上學的科學を信仰しているかを自ら證明している。現象と本質、結果と原因、質料と力、物質と精神との關係はいかにも自然的關係である。しかしそれについて科學は何か一致したことを教えるであろうか。それ故（ergo）、知識或は科學は農民の營みと同じような仕事であって、まだ實際的に行われているにすぎず、科學的に、すなわち成果を豫測して行われているのではない。認識、すなわち認識の實行は自然的科學においては十分理解されている。それを否認する者はないであろう。しかし、認識の器官である認識能力は誤解されている。我々の見るところによると、自然科學は理性を科學的に使わずに、それをもって實驗しているにすぎない。それは何故であろうか。科學が理性の批判、科學の理說、或は論理學をゆるがせにしているからである。

　柄と刃とが小刀の普遍的内容であるように、我々は理性の普遍的内容として普遍的なものそのものすなわち一般者を認めた。我々は、理性がこの内容を自己の中から汲み出すのでなく、與えられた對象から產み出すことを知り、またこの對象は凡ての自然的なものと物質的なものとの總和であることを知った。從ってこの對象は測りえない、限りのない、絶對的の量である。この無限の量は限られた諸〻の量となって現象する。自然における比較的小さい諸量を取扱う場合には、理性の本質、知識或は認識の方法はよく意識されている。そこで我々に殘された仕事は、その取扱いに關して異論のある大きな自然的關係もまた全く同じ方法で認識されるべきであるということを證明することである。原因と結果、精神と物質、力と質料はそのような大きい、廣い、包括的な、一般的な自然的對象である。我々は、理性とその對象との間の最も一般的な對立が、いかに大きな諸〻の對立を解く鍵を與えるかを明かにしたい。

(a) 原因と結果

「自然科學の本質は」とエフ・ヴェー・ベッセル(二〇)は言っている、「現象を獨立に成立していると見ずに、その結果が現象であるところの原因を求めるところにある。これによって自然の認識は最も少い數の事實に還元される。」しかし既に自然科學の時代より前にも自然現象の原因は探求されていた。自然科學の特徴は原因の研究よりも、むしろ探究される原因の獨自の性質に、つまりその質にある。

歸納的科學は本質的に原因の概念を變えてしまった。それは原因という言葉をなお使ってはいるが、その言葉を思辨哲學が考えるのとは全く異った意味に解している。自然科學者は彼の專門の內と外とでは原因を全く違った意味で理解しており、專門外では屢〻思辨に陥ってしまう。というのは、彼は科學及びその原因を特殊のものについて知るだけであって、普遍的なものにおいて理解しないからである。非科學的な原因というのは超自然的な種類のものであって、上天の精靈、神々、諸〻の力、大小さまざまの妖怪等である。原因の概念は元來擬人的な概念である。經驗の足りない場合には、人間は主觀的な尺度で客觀的なものを測り、自己自身の標準で世界を判斷する。人間は豫め考えてから物を作るが、人間はこの人間的なやり方を自然に轉用する。すなわち、人間自身は自分が作った物とは別の原因であるのと同じように、感性界の現象についても外的な、創造的な原因を想像する。人々が長い間客觀的認識を求めて空しい努力をして來たのは、このような主觀的な方法にその責任がある。非科學的な原因は思辨であり、「先天的」科學である。

若し認識という名稱を主觀的認識のために保存しようとするならば、客觀的科學的認識は、その原因を信仰或は思辨によってでなく、經驗と歸納法とによって、また先天的にでなく、後天的に認めることによって、主觀的認識から區別される。自然科學はその原因を現象の外部或は背後にでなく、現象の內に或は現象によって求める。近代の研究がその原因の中に求めるものは、外部的な創造者ではなく、時間的に繼起して起る諸現象の內在的な系統、方式或は一般的な種類・樣式である。非科學的な原因は「事物自體」であり、自分自身で結果を產み出しておきながら自らはその背後に隱れている小さい神樣である。これに反し原因の科學的概念は單に結果の理論、現象の普遍的なものを求めるにすぎない。そこで、原因を研究するというのは、問題になる諸現象を概括し、經驗の多樣性を科學的規則の下に一括することである。「これによって自然の認識は最も少い數の事實に還元される。」

愚夫愚婦のつまらない迷信が一時代全體の歷史的迷信から區別されるのは、最も平凡な、日常的な、通俗的な知識が、最高の、稀有の、最近發見された科學の知識から區別されるのと全く同じ關係にある。それ故我々が——ついでに言うが——我々の事例をいわゆる高遠な學問の領域に求めずに、日常生活の中から借りて來ることも許されるであろう。人間の常識は、科學がそのヨリ高い目的を歸納的方法で追求しなければならないと氣づくよりずっと前に、實際的に歸納的・自然科學的原因を求めていた。常識はその手近な環境を越えようとするときにのみ、自然科學者と全く同じように、思辨的理性の神祕的原因の信仰に到達する。實在的な知識の地盤の上にしっかり立つためには、何人にとっても、いかなる方法と様式とで歸納的理性がその原因をたしかめるかを認識することが必要である。

右の目的のために我々は、理性の本質に關して今までにえられた成果を簡單に回顧しておこう。我々は、認識能力は事物でもなく、自體的な或は獨立の現象でもないことを知っている。というのは、認識能力は他者すなわち對象と接觸してのみ現實的であるから。しかし、對象に關する知識は必ず、對象によってのみでなく、同時に又理性によってもたしかめられる。意識は、すべての存在と同じように、相對的である。知識は異ったものの接觸によって生じる。知識においては分裂、主觀と客觀、多樣性が統一の中に與えられている。そこにおいては一者が他者の原因となり、また一者が他者の結果となる。この現象世界全體について云えば、思惟はその特殊の一定量であり一形態にすぎないが、この全體は絶對的な圓であり、そこでは始めと終り、本質と現象、原因と結果、一般的なものと特殊なものが至るところにありしかもどこにもないと云える。結局のところ、自然全體が唯一の普遍的統一であり、それに對してすべての特殊の統一は多様性となるように、その同じ自然、すなわち客觀性、感性界、そのほかすべての現象或は結果の總和を何と名づけようとも、それが究局の原因であり、それに對してすべての他の原因は結果の地位に下ることになる。しかしこの場合我々は、このすべての原因の原因はすべての結果の總和にすぎず、それ以外のものでもなくまたそれ以上の高次のものでもないことを見のがしてはならない。何れの原因も結果となり、何れの結果も原因となる。

原因はその結果と同體であって引離しえないのは、見えるものを眼から、味を舌から、一般に普遍的なものを特殊のものから分離しえないのと同じである。それにも拘らず、思惟能力は一者を他者から分離する。そこで我々は、この分離は單なる理性の形式にすぎないが、しかもこの形式は、理性的或は意識的であるためには、また科學的に活動するためには必要である、ことを知らねばならない。知識の實踐或は科學的實踐は一般的なものから特殊なものを、自然から自然的事物を導き出す。しかし、樂屋裏で思惟能力にお目にかかった人は、逆に一般的なものが特殊なものから、自然概念が自然的事物から導き出されているのを知るであろう。我々の實踐的知識にとっては後のものは前のものの歸結であり、結果は原因の歸結であるにも拘らず、知識或は科學の理論は、前のものは後のものによって、原因は結果によって認識されることを我々に敎える。一般者の器官である思惟能力にとっては、その反對のものすなわち特殊のもの、與えられたもの、他のものは二次的である。しかし、自己自身を把握する思惟能力にとってはそれは一次的である。

しかし、認識の實踐はその理論によって變えられるべきでないしまた變えられることはできない。却って意識が理論によってのみ確實な歩みを進めるべきである。科學的な農夫が實踐的農夫から區別されるのは、前者が理論と方法を持っているからではなく——兩者ともそれを持っている——、前者が理論を知っているのに對し、後者は理論を本能的に持っていることによってである。

しかし更に、理性は一般的に與えられた多樣性から一般的眞理を、時間上の多樣性すなわち諸の變化から眞の原因を產み出す。空間の性質が絕對的多樣性であるように、時間の性質は絕對の變化である。時間の何れの部分も、空間の何れの部分とも同じように、新しく、本源的であり、かつて存在したことのないものである。我々は思惟能力の助けにより、空間の多樣性を主要な事物によって、時間の變化を主要な原因によって普遍化し、それによって絕對的變化の中にあって正しい道を步むことができる。感覺的のものを普遍化し、特殊なものの中に一般的なものを見出すこと、このことの中に理性の本質は盡きている。理性は一般者の器官であるという認識によって理性を十分に把握(begreift)していない人は把握のためには概念(Begriff)の外に存在する客體が必要であることを忘れている。この能力の存在は存在一般と同じように十分に把握し盡すことはできない。否むしろ、存在は、我々がそれを普遍性において受取るときに把握される。理性によって知覺されるのは現存ではなく、現存における普遍的なものである。

その例證として我々は、理性が未知の物を把握する場合に辿る過程を描いて見よう。或る混合物に突然に、しかもそれ以上何も手を加えないのに、奇妙な、すなわち思いもかけない、まだ經驗したことのない化學變化が起ったと假定する。更に、この變化はその後屢〻起り、ついに經驗によって我々が、この不可解な混合物の變化の起る前には常に日光に觸れていたということを認めたとする。それによって既に經過は把握されている。更に、その後の經驗によって、なお多くの他の物質が、日光に觸れると同じ變化を示すことがわかったとする。するとそれによって、この未知の現象がヨリ多數の同種類の現象に加えられる、すなわちその現象はヨリ廣く、ヨリ深く、ヨリ完全に把握される。そこで我々がなお最後に、日光の一部分と混合物の特殊の一要素とが結合して變化を起すことを見出したならば、この經驗は純粹に普遍化され或は普遍化は完全に經驗されたことになる。言いかえれば、理論は完全であり、理性はその課題を果したことになる。しかしこのことは、理性が動物界及び植物界を科・屬・種等々に分類するのと同じことをしたにすぎない。或る物の種・屬・性をたしかめることが、それを把握することである。

理性は、與えられた諸〻の變化の原因をたしかめる場合でも同じような方法をとる。我々は原因を、見ること、聞くこと、觸れることによって、すなわち感覺的に知覺するのではない。原因は思惟能力の產物である。勿論原因は思惟能力の純粹の產物ではなく、思惟能力が感覺的材料と結合して產み出したものである。このようにして產み出された原因はこの感覺的材料によって客觀的存在となる。我々は、眞理は客觀的現象の眞理であることを眞理に要求するように、我々は、原因が現實的であること、すなわち客觀的に存在する結果の原因であることを原因に要求する。

或る特殊な原因の認識はその材料の經驗的觀察によって制約されるが、これに反し一般的原因の認識は理性の觀察によって制約される。特殊の原因の認識に際してはその度毎に材料・對象が變るが、一般的原因の場合には理性は不變であり或は一般的である。一般的原因とは純粋概念であり、それに對して特殊な原因認識の多樣性或は特殊な原因の多樣な認識がその材料の役割をしている。それでこの概念を分析するためには、その材料へ、すなわち特殊な原因認識へ歸らなければならない。

水中に落ちた石が波紋を描いた場合には、その原因は石だけではなく、他方において水の流動性も同じように原因である。石が固形物の上へ落ちても、波紋を起さない。落ちる石と流動性との接觸が、兩者の共同作用(Zusammenwirkung)が波紋の原因である。原因はそれ自ら結果(Wirkung)であり、結果である波動は原因となる——例えば、波動が泛んでいるコルクを岸に打ち寄せる場合には。しかし、この場合にもまた、他の場合と同じように、原因は共同の作用、波とコルクの輕い性質との共同作用に外ならない。

水中に落ちる石は一般的原因或は原因自體ではない。我々がこのような原因に到達するのは、前に述べたように、思惟能力が特殊の原因を材料として取り上げ、そこから原因一般という純粋概念を產み出すときにおいてのみである。水中に落ちた石は續いて起る波紋に對してのみ原因であり、そしてこのようなことが言えるのは、石を水に落せば一般的に波紋が續いて起るという經驗にもとづいているからである。

原因とは與えられた現象に一般的に先行するものであり、結果とは一般的に繼起するものである。我々が石を波紋の原因として知るのは、いつどこでも水中に落ちた石には波紋が繼起するからに外ならない。ところが、逆に波紋にはいつでも落ちる石が先行するとは限らない。そのときには波紋は一般に他の原因を持っている。水の彈力性は、それが波紋一般に先行する一般的なものである限りにおいて、波紋の原因である。波動の特殊の部分或はその一つの種類である圓狀の波紋には一般に落ちる物體が先行するであろうが、それによってこの物體は波紋の原因となる。原因はどれだけの量の現象が考察の範圍內に入るかによって絕えず變る。

我々は原因を理性だけできめることもできないし、頭の中から引出すこともできない。そのためには質料、材料、感覺的現象がなければならない。そしてまた一定の原因に對しては一定の質料が、すなわち一定量の感覺的現象が必要である。自然を抽象的統一とみた場合には、質料の差異は自然の量の差異となる。そのような量は時間的であって、前後の關係にあり、先行するもの及び繼起するものとして存在する。一般的に先行するものが原因と呼ばれ、一般的に繼起するものが結果と稱せられる。

風が森林を動かす場合を考えてみても、森林の搖ぐ性質は風の曲げる力と同じように原因である。或る物の原因とはその物の關連のことである。樹木を搖り動かす同じ風が岩や壁を動かすことはできないということは、原因は結果と質的に異るものではなく、作用全體(Gesamtwirkung)に外ならないことを證明している。ところで、知識或は科學が或る現象すなわち順次に繼起する現象において特殊のものを原因と認めたにしても、しかしこの原因はもはや外的な創造者ではなく、順次に繼起するものにおける一般的な種類・様式、内在的な方法に外ならない。一定の原因は、その原因が求められるべき變化の範圍、系列、或は數が、すなわちその量が限定され或は決定されるときにのみ定められる。順次に繼起する現象の或る與えられた範圍内においては、一般に先行するものが原因である。

　風が森林を動かすとき、原因としての風がこの結果（Wirkung）から區別されるのは、その風が或は唸り或は埃を立て、ここかしこでさまざまの働きをし、特に樹木を搖り動かすところのヨリ一般的な作用（Wirkung）である限りにおいてのみである。この場合においては、一般に風の現象が森林の動搖に先行している限りにおいてのみ風が原因である。しかし逆に岩と壁の堅固である性質は一般に風に先行しているので、堅固という性質は岩や壁の動かないことの原因である。更に、暴風現象というヨリ廣い範圍を考えれば、微風もまたこれらの物の動かないことの原因となる。

　與えられた問題の量或は數によって原因の名稱は異る。或る一群の人達が遠足から疲れて歸って來たとする。そのときには、疲勞という變化の原因は歩行でもあるが、身體の弱いことでもある。すなわち、現象にとってはそれから分離される自體的な原因はない。現象において現れるすべてのものはその現象に寄與している。すなわち、遠足に行った人達の種類と性質も、それから體質も、また歩行及び道路の種類と性質も疲勞という現象に關係している。それにも拘らず、問題になっている變化の特殊の原因を定めることが理性にとって課題となったとすれば、多くの要因の中最も多く疲勞に與って力がある要因をたしかめることが要求されているにすぎない。この場合においても、一般の場合と合じように、理性の仕事は特殊のものから一般的なものを發展させることである。この場合で云えば、一定數の疲勞の中から一般的に疲勞に先行するものを數え出すことである。大部分或は全部の人が疲れているなら歩行が、また僅かの人が疲れているならその人達の弱い體質が、一般に現象に先行する要因或は原因である。

他の例をあげれば、若し鐵砲の音が鳥を飛び立たせたとすれば、これは鐵砲の音と鳥の臆病な性質とが結合して起ったことである。そして若し大部分の鳥が飛び立ったのなら鐵砲の音が、少數の鳥が飛び立ったのなら、その鳥の臆病な性質が原因と見られる。

結果とは繼いて起るものである。ところで自然においてはすべてのものが順次に繼起し、すべてのものは先行者を持ち或は繼起するものであるから、我々は自然的なもの、感覺的なもの、現實的なものを絶對的結果と名づけうるであろう。というのは、我々の思惟能力がこの與えられた材料を組織してその原因を見出さない限りは、これらのものについて自體的には決して原因を見出しえないから。原因は感覺的變化を精神によって一般化したものである。原因と結果との關係は奇蹟或は無からの創造と思われていた。それ故原因・結果の關係は思辨の對象であったし、またいつでもそうである。思辨的原因はその結果を創造する、しかし、事實においては結果は、頭腦或は科學がそれから原因を形成するための材料である。原因は精神の産物ではあるが、純粹精神のそれではなく、感性と結婚した精神の生んだ兒である。

若しカントが、「何れの變化もその原因を持つ」という命題は——我々が經驗することのできない先天的知識である、何故なら何人もすべての變化を經驗することはできないが、しかも誰でもがこの命題の必然的並びに一般的眞理性を明白に確信しているから、と主張するならば、我々は今、この命題は、我々が理性と名づけているものの現象が、すべての多樣性の中に統一を見出す、という經驗を言い現し、或は、もっと正確に言えば、特殊なものから一般的なものを發展させることが理性・思惟・精神と名づけられている、という經驗を言い現しているにすぎないのを理解する。何れの變化もその原因を持つという確信は、我々は思惟する人間であるという確信以上のものではない。我考う、故に我あり (cogito ergo sum.)。我々は理性の本質を科學的に分析はしなかったにしても、本能的に經驗している。我々が、すべての與えられた變化から原因を見出すという理性の能力を確信しているのは、すべての圓はまるい、甲は甲である、を確信しているのと同じである。我々は、一般者は理性の產物であり、理性は一つの對象と、すなわち何れの與えられた對象とも結合して一般者を產み出すことを知っている。ところで、すべての對象は時間的に前後の關係にあり、また變化するものであるから、理性的存在であるところの我々に對して現れるすべての變化もまた一般的な先行者すなわち原因を持つということになる。

既にイギリスの懷疑論者ヒュームは、眞の原因は臆測上の原因と本質的に異ることを知っていた。ヒュームによれば、原因という概念は或る現象に一般的に先行するものの經驗以上のものを含んではいない。これに反しカントが次のように主張するのは妥當である。すなわち、原因と結果との概念は、ゆるやかな偶然的な繼起よりもずっと緊密な關係を現し、むしろ原因の概念の中にはその結果が必然性及び嚴密な一般性として含まれている——從って、全く經驗されえないもの、しかもすべての經驗を超えるものが先天的に悟性の中に含まれていなければならない、と。精神のすべての自律を認めず、經驗によって原因を見出そうと考えている唯物論者に對しては、原因・結果の關係が前提している必然性及び一般性は經驗できないものであると答えられるべきである。これに反し、他方において觀念論者に對しては、悟性は經驗されえない原因を研究するが、しかしこの研究は先天的にではなく、後天的に、すなわち經驗的に與えられた結果にもとづいてのみ行われうる、と指摘されねばならない。いかにも精神のみが非感覺的抽象的な一般者を見出すであろう——しかし、與えられた感覺的現象の範圍内においてのみである。

(b) 精神と物質

認識能力は一般的に物質的感覺的前提に依存するということを理解すれば、今まで餘りに長い間理念及び臆見によって差押えられていた權利を客觀的實在に返濟することになるであろう。自然の多様な具體的諸現象は哲學的並びに宗教的幻想によって人間の考察から押し除けられていたが、近代自然科學の發達に伴って一つ一つ科學の隅から取出されるに至った。そして自然は腦髓作用の認識によって一般的理論的形式において有效さを取戻した。從來自然科學は未だその對象として特殊の物質、特殊の原因、特殊の諸力のみを選び、一般的な原因・物質・力に關する一般的な、いわゆる自然哲學的問題については依然として無知であった。この無知を事實において明かにするものは、一本の赤い絲のように科學上の諸著作を貫いているところのかの觀念論と唯物論との大きな矛盾である。

「私はこの書翰において、化學は獨立の科學として精神文化を高めるための最も有力な方法の一つを提供するものであり、且つ化學の研究は、それが人間の物質的利益を促進するからだけではなく、我々の存在・生存・發展と最も密接な關係にある創造の不可思議への洞察を與えるから有用である、という確信を强めるのに成功したいと願っている。」

リービッヒはこれらの言葉において、物質的利益と精神的利益とを絶對的對立として區別するのを常とする通例の考え方を言い現している。我々が今引用したこの考え方の代表者は、物質的利益に對して、我々の存在・生存・發展と最も密接な關係のある精神的洞察を對立させたが、このことによって上記の區別の支持されえないことは幽かながら現れている。一體物質的利益というのは、我々の存在・生存・發展の抽象的表現以上の何物であるか。これらのものこそ物質的利益の具體的內容ではなかろうか。彼は、創造の不可思議への洞察はいわゆる物質的利益を促進する、とはっきり言ったではないか。或は、逆に言って、我々の物質的利益の促進は創造の不可思議への洞察を必要としないのであろうか。そして最後に、いかにして物質的利益は精神的洞察から區別されるのであるか。

リービッヒが、自然科學界の人達と同調して、物質的利益に對立させたところの高次なもの、精神的なもの、理想的なものは、物質的利益の特殊の種類に外ならない。精神的洞察と物質的利益との區別は、例えば、圓と角とが對立はしているが、しかしヨリ一般的な圖形の異った種類であるのと同じ關係にある。

人々は特にキリスト教時代以後、物質的・感覺的・肉體的事物は錆びて蠹魚が食っているとして、これを口にするのもけがらわしいと考えるのを常として來た。人々は今日でもなお、感性界に對するかの反感が心からも行動からも消失しているにも拘らず、古い軌道を守って進んでいる。靈と肉とのキリスト教的對立は自然科學の時代においては實質上克服されている。ところが、精神的なものは感覺的であり、感覺的なものは精神的なものであるという理論的解決、媒介、證明が缺けているので、未だに物質的利益を惡評から解放するに至っていない。

近代の科學は一般的に自然科學である。科學が自然科學である限りにおいてのみ、それは一般に科學（Wissenschaft）と名づけられる。言いかえれば、現實的なもの、感覺的なもの、自然的なものを意識的に對象とする思惟のみが知識（Wissen）と名づけられる。それ故、科學の代表者及び崇拜者は自然或は物質に對して反感を持つことはできない。事實彼等は反感を持ってはいない。ところが、自然や感性界や物質或は質料だけでは足りないことは、科學が存在するということだけで逆にそれを證明している。物質的實踐を或は存在を對象とする科學或は思惟は、その對象其のままを、或はその感覺的・物質的性質其のままを求めているのではない。それは科學とは別に既に存在している。科學が何も新しいものを求めないならば、それは餘計なものであろう。

科學は物質・質料に新しい要素をもたらすからこそ、特殊の承認をうるのである。科學が求めているのは材料ではなく、認識、しかも材料の認識であり、物質における一般的なもの、眞なるもの、普遍的なもの、「現象の怱忙裡における靜止した極」(一一)である。宗教が激情的に地上のものに對立させ、科學が物質的のものに對立させる高次のもの、神的なもの、精神的なものは、多様性の克服の中に、普遍的なもの、一般的なものへの向上の中に存在している。

ヨリ高尚な精神的な利益は物質的利益と種屬全體として (toto generere)、すなわち質的に異っているのではない。近代觀念論の積極的な側面は、食うことや飲むこと、地上の財物や女性に關する快樂を禁ずることにあるのではなく、これらの樂しみの外になお他の物質的な樂しみ、例えば目や耳の、藝術や科學の樂しみを與え、要するに人間全體を有效に働かせることの中に存する。汝は情慾に任せて物質的快樂に耽ってはならない、というのは、汝は一面的快樂に心を奪われてはならず、汝の一般的生存、發展全體を見失わず、汝の存在の全範圍を考慮しなければならないという意味である。唯物論の原理が不十分であるのは、それが特殊なものと一般的なものとの區別を承認せず、個別的なものと普遍的なものとを同一視する點にある。唯物論は、精神が物體的な感性界より量的にすぐれており、また明かな獨創性を持っていることを認めようとしない。他方、觀念論は量的區別の上に質的統一があることを忘れている。觀念論にも度外れのところがあって、相對的分離を絶對的のものと考えてしまう。この二つの黨派の矛盾にとって問題となる點は、理性と理性に與えられた對象或は質料との關係を誤解していることである。觀念論者は認識の源泉は理性にのみあるとし、唯物論者は感覺的に與えられた世界にあると考える。この矛盾を調停するためには、この二つの認識源泉は相互に制約し合っているものであることを悟りさえすればいい。觀念論は、物體と精神、現象と本質、內容と形式、質料と力、感覺と道德の差異のみを見、唯物論は統一のみを見る——が、これらすべての區別は、特殊なものと一般的なものという一つの區別の下にその種として共に屬しているのである。

徹底した唯物論者は、科學拔きの、純粹の實踐家である。しかし、知識と思惟とは、その黨派意識はどうであろうとも、人間に事實上具っているものであるから、純粹の實踐家というのはありえない。前にも述べたように、經驗された規則にもとづいて行われるごく僅かの「實驗技術」も、理論的原則にもとづく科學的實踐と、分量或は程度の差異があるだけである。他方において、單なる實踐家と同じように、徹底的な觀念論者もありえない。觀念論者は、特殊なものなしに一般的なものを、物質なしに精神を、質料なしに力を、經驗或は材料なしに科學を、相對的なものなしに絕對的なものを求める。眞理、存在或は相對的なものを對象にする思想家、すなわち(i.e.) 自然科學者が、いかにして觀念論者たりえようか。自然科學者はその專門外においてのみ觀念論者であって、專門內では決してそうではない。近代の精神、自然科學の精神は、それがすべての物質的なものを包含する限りにおいてのみ非物質的である。天文學者メートラー(二三)はいかにも、「物質の羈絆からの解放」による我々の精神力の本質的向上を當てにして待つという一般的期待を持っている。そして、彼が、この精神力の向上に代るヨリ善いものはないと信じ、「物質の羈絆」を更に規定すれば物質的牽引力となると考えたけれども、それは必ずしも笑うべきではない。しかし、未だ精神を宗教的妖怪と考えているならば、物質の羈絆からの解放により精神力の強化を待つ期待は、笑うべきであるよりもむしろあわれむべきである。しかし、精神が科學的近代精神を、人間の思惟能力を意味すべきであるとするならば、我々は傳統的な信仰に代えるに科學的説明というヨリ善いものをもってすることができる。その場合には、物質の羈絆は重力ではなく、感覺的現象の多樣性と解されるべきであり、その多樣性が克服されれば、物質は精神にとってもはや「羈絆」ではなくなる。特殊なものからの一般的なものの發展の中にこそ、物質の羈絆からの精神の救濟が存している。

(c) 力と質料

我々の學説の主要點についてはまた述べるが、今までのところだけでも辿って來た讀者は、力と質料の問題は一般的なものと特殊なものとの關係の洞察の中にその調停或は解決を見出すという豫測を持つであろう。抽象的なものは具體的なものにどう關係するであろうか。この問は、世界の衝動、事物の本質、科學の極致 (non plus ultra) を、一方においては心的の力の中に見出しうると信ずる人々と、他方においては物質的質料の中に見出しうると信ずる人々とに共通な問題を言い現したものである。

歸納的科學から思辨へ迷いこむことの特に好きなリービッヒは觀念論に從って次のように言っ

ている。「力は見ることができない。我々は力を手で摑むことはできない。力の本質と特性とを認識するためには、我々は力の働きを研究しなければならない。」これに對して唯物論者が、「力は質料であり、質料は力である。質料がなければ力がなく、力がなければ質料がない。」と答えたならば、明かに兩者はその關係を消極的に規定しているにすぎない。歳の市で親方が道化役者に聞く。道化役者よ、お前はどこにいた。——連れの人達と一緒にいた。——連れの人達はどこにいた。——私と一緒にいた。——ここに同じ内容を持った二つの答があるように、前の場合には、爭う餘地のない事柄について違った言葉で喧嘩している二組の人達がいることになる。この喧嘩は、眞面目であればあるほど滑稽である。觀念論者が力を質料から區別するとき、彼はそれによって、現實の力の現象が分ち難く質料と結びついているのを否認しようと云うのではない。唯物論者が、力がなければ質料がなく、質料がなければ力がないと主張するとき、彼はそれによって、力と質料は異っているという反對者の主張を否認しようと云うのではない。

この爭いは十分の理由を持ち、對象を持っているが、その對象は爭いの中では現れて來ない。その對象は兩方から本能的にかくされている。というのは、それを明かにすれば、相互の無知を告白しなければならなくなるからである。何れの側も、相手の説明が不十分であることを相手に對して證明しようとする——この證明は兩方から十分に行われている。ビュヒナー(一三)は『力と質料』の結論において、經驗的材料をもってしては、超越的問題に對して確定的な答を與え、この問題に肯定的に答えうるには足りない、と告白しているが、更に續けて、それに反し「この問題に否定的に答え、假説を追放するためには經驗的材料で十分に足りる、」と言っている。言いかえれば、唯物論者の科學は、反對者が何も知らないことを證明するには十分である、ということになる。

唯心論者或は觀念論者は、力の精神的な、すなわち妖怪のような、不可思議な性質を信じている。唯物論的科學者はそういうものを信じない。信仰或は不信仰の科學的根據はどこにも存在しない。唯物論のすぐれている點は、超越的なもの、本質、原因、力を現象の背後に、物質の外に求めないところにある。しかし、唯物論者が力と質料の區別を無視し、問題を否認している點では觀念論よりおくれている。唯物論者は力と質料とが事實上分離できないことを主張し、分離に對しては、「外的な、我々の精神の體系的要求から生じた根據」だけを承認しようとする。ビュヒナーは『自然と精神』の六六頁で次のように言っている。「力と質料との相互の分離は私にとっては考えられた物、空想、本質のない理念、假説より以上のものではなく、これらのものは健全な自然觀察にとっては全く存在しない。何故なら、すべての自然現象はそのような分離によって忽ちにして不明瞭となり、不可解となるから。」しかし、ビュヒナーが「自然哲學的」話し方で語る代りに何らかの專門科學において生産的な仕事をしてみるならば、彼の實踐は直ちに、質料からの諸力の分離は「外的な」必然性ではなく、内的なすなわち本質的な必然性であり、それによってのみ我々は自然現象を明かにし且つ理解することができることを證明しうるであろう。

『力と質料』の著者は「今私の欲するのは――事實――である」(Now what I want is-facts)

というモットーを掲げているが――全く、この格言は眞面目な意見というよりも、無考えの言葉であることを私は保證する。唯物論は、純粋に事實だけを問題にするような粗雑なものではない。自然の事實は無限に豐富である。ビュヒナーの求めている事實は、決して彼の慾望のために別誂えの品物を配達しはしない。觀念論者もまたそのような事實を求めている。自然科學者で假說を求めるものはない。科學で建設的な仕事をしている人達が皆一様に望んでいることは、事實よりも、事實の說明或は認識である。科學にとっては――ビュヒナーの『自然哲學』も決してその例外ではない――生《なま》の質料ではなくて、精神的諸力が問題であるということ、科學にとっては質料はそこから諸力を見出すための副次的な物にすぎないということについては、唯物論者もまた反對しようとはしないであろう。力と質料の分離は「我々の精神の體系的要求から生じたものである。」いかにもその通り。しかし、一般に科學が我々の精神の體系的要求から生じたものであるのと同じように。

　力と質料との對立は、觀念論と唯物論との對立と同じように古い。精靈の存在を信じ、すべての自然現象の神祕的な原因はこの精靈であると考えた空想が、最初に兩者の媒介を成しとげた。ところが近代の科學は、空想的な鬼神の代りに科學的なすなわち普遍的な說明をもって置き代えることによって、多くの特殊の精靈を追放してしまった。我々が純粋の精靈（Geist）という鬼神を說明するのに成功した以上は、力一般という特殊の精神（Geist）をその本質の普遍的認識によって追放し、それによって唯心論と觀念論とのこの對立を科學的に媒介することも困難ではなかろう。

科學の對象、精神の對象としては、力と質料とは分れていない。具體的な感性界においては、力は質料であり、質料は力である。「力は見ることができない。」全くその通り。見ることそのことが純粋の力である。見ることは眼の作用であると同じく對象の作用であり、二重の作用である。そして作用は力である。我々は事物そのものを見るのでなく、我々の眼に對する事物の作用を見るのである。すなわち我々は事物の力を見る。そして力は見られるだけでなく、聞かれ、嗅がれ、味われ、觸れられる。誰が、熱の力、寒さの力、重さの力に觸れうることを否定するであろうか。我々は先にコッペ教授の次のような言葉を引用した。「我々は熱そのものを知覺することはできない、我々は熱の作用から推論して、この動因が自然の中に存在することを推測するだけである。」これを言いかえれば、我々が見、聞き、觸れるのは事物ではなくて、その作用或は力である、ということになる。

私が觸れるのは質料であって力ではない、と言うのが眞であると同じように、私が觸れるのは力であって質料でない、と逆に言っても眞である。既に述べたように、對象においては事實上兩者は別れていない。しかし我々は思惟力によって、並存及び繼起する諸現象において特殊なものから一般的なものを分離する。例えば、我々は視覺の種々の現象から一般に見ることという一般的概念を抽象し、視力としてのこの概念を視覺の特殊の對象或は質料から區別する。我々は理性によって感覺的多様性の中から一般者を發展させる。水の多様な現象における一般者は、水という質料から區別された水力である。若し質料は異るが長さの同じの槓杆が同じ力を持っているならば、この場合力が質料と異るのは、力が種々の物質に共通なものを現す限りにおいてであることは明瞭であろう。馬は力なしには車を引かないし、力は馬なしには車を引かない。事實上實踐においては馬は力であり、力は馬である。しかし、それにも拘らず我々は馬の他の諸性質から引く力を特別のものとして區別することができ、或は種々の馬の能力に共通のものを一般的な馬力として分離するができる。だからと云ってこの場合、我々が太陽と地球とを區別する場合と同じように、何らかの假說の助けを借りる必要はない。事實上は、地球がなければ太陽はなく、太陽がなければ地球はないのではあるが。

感性界は、意識を通じてのみ我々に與えられるが、それにも拘らず意識は感性界を前提としている。我々が自然を意識の立場から制約のない統一と見るか、或は感性の立場から無制約の多様性と認めるかに應じて、自然は無限に統一されたものとなり或は無限に分裂したものとなる。統一も多様性も兩者共に眞である。しかし、それぞれ一定の前提の下においてのみ、すなわち相對的に眞である。この問題は、我々が一般的なものの立場から見るか、或は特殊なものの立場から見るか、我々が精神の眼で見るか、或は肉體の眼で見るかにかかっている。精神の眼で見れば、質料は力である。肉體の眼で見れば、力は質料である。抽象的な質料は力であり、具體的な力は質料である。質料は手の對象、實踐の對象である。力は認識の對象、科學の對象である。

科學はいわゆる科學的世界に限られるものではない。科學はすべての特殊の階級を越え、生命全體の廣さと深さとに屬している。科學は思惟する人間一般に屬している。力と質料との分離も亦同じである。最も鈍感な情熱のみが兩者の區別を實際上見損っている。彼の生活の營みを豐富にすることなしに金錢を積み上げている守錢奴は、金錢の質料とは異った力が價値のある要素であることを忘れている。彼は、それを所有しようという慾望を道理に協ったものにするのは、富そのもの、つまらない銀色の質料ではなく、その精神的な內實、それに內在しているところの食糧品を買いうる能力であることを忘れている。あらゆる科學的實踐、すなわち成果を豫測し、質料を十分調べて行われるあらゆる行爲は、質料と力との分離は思想によって完成され、從って考えられた物ではあるが、だからと言って空虛な想像、假說ではなく、極めて本質的な理念であることを證明している。農夫が彼の畑に肥料を施しているとき、肥料は牝牛の糞、骨粉或は海鳥の糞等どんな質料でも構わないとしたら、彼にとって問題となるのは純粹の肥料の力である。商品の包みを秤る場合には、鐵・銅・石等の質料の重さが問題ではなく、重力がポンドで計られるのである。

いかにも、質料がなければ力がなく、力がなければ質料はない。力のない質料及び質料のない力は無意味である。若し觀念論的自然科學者が諸力の非物質的在存を信じ、そしてこの諸力は言わば質料の中でお化の遊戲をしているようなものであり、しかも我々はこの諸力を見ることも感覺によって知覺することもできないが、それにも拘らず信じなければならないとしたならば、この點に關しては決して自然科學者ではなく、却って思辨家すなわち會靈者である。しかし他方において、力と質料との知的區別を假說であると稱する唯物論者の言葉も同じように無考えである。

この區別の功績を正しく評價するためには、そして我々の意識がこの力を唯心論的に發散させもせず、唯物論的に否認もせず、科學的に把握するためには、我々は區別する能力一般或は能力自體を把握し、すなわちその抽象的形態を認識しさえすればいい。知性は感性的材料なしには働くことができない。力と質料とを區別するためには、これらの事物が感性に與えられ、經驗されなければならない。この經驗にもとづいて我々は質料が力的であり、力が質料的であると稱する。それ故把握されるべき感性的對象は力＝質料である。とすれば、すべての對象はその具體的現實においては力＝質料であるから、その場合に區別の能力が成しとげる區別は、頭腦活動の一般的な種類と樣式との中に、特殊なものからの一般的なものの發展の中に存することになる。質料と力との區別は、具體的なものと抽象的なものとの一般的區別に歸着する。それ故この區別の價値を否定することは、一般に區別の價値、知性の價値を否認することである。

若し我々が感性的諸現象を一般的質料の諸力と名づけるならば、この統一的な質料は抽象的一般性に外ならない。若し我々が感性界の下に種々の質料を理解するならば、雜多を包括し、支配し或は貫通する一般者は、特殊なものを働かせる力である。それが力と名づけられようとも、或は質料と名づけられようとも、科學が手をもってではなく、頭腦をもって求める非感性的なもの、すなわち、本質、原因、理想、高次の精神等は特殊なものを包括する一般性である。

五 「實踐理性」或は道徳

(a) 賢いもの、理性的なもの

知識の方法的把握、すなわち精神を理解することは、宗教と哲學とのすべての問題を解決し、大きな或は一般的な不可解なことどもを根本から説明し、そして科學研究をして、詳細な經驗的狀態の認識というその職務に、完全に立ち歸らせることをその本分としている。若し我々が理性の法則として、理性が活動するためには感覺的材料を前提とし、原因を必要とすることを理解するならば、それによって第一原因或は一般的原因の問題は餘計のものとなる。そのとき、人間の(すなわち、世界の中で生れそして世界全體と結合している)理性がすべての特殊の原因の最初にして最後の、究極の原因であることが認められる。若し我々が、理性は活動するためには必然的に與えられたものを必要とし、それをもってはじめるところの端初を必要とすることを法則として理解するならば、第一の端初の問題は無意味とならざるをえない。若し我々が、理性は具體的多樣性から抽象的統一を發展させ、現象から眞理を、屬性から實體を構成し、すべてのものを單に全體の部分として、種屬の中の個體として、物の特性として認めるものであることを理解するならば、「事物自體」の問題、獨立に現象の根底に存する實在の問題はつまらない問題となるに違いない。要するに、理性が獨立でないことを理解すれば、獨立した認識への欲求は不合理であることが明かになる。

さて、すべての原因の原因、諸〻の端初の端初、事物の本質等の形而上學の主要事は、今日の我々の科學にとっては大して意味がないとは言うものの、そしてまた當面の要求は思辨より以上に有力であるとは言うものの、このように思辨を實際的に退けただけでは未だ思辨の堅いしくみをこわすには至らない。理性はいかなる實踐においても感覺的に與えられた對象を必要とする、ということが理論的法則として理解されない限りは、對象のない思惟は、言いかえれば、感覺的對象と結合することなしに認識を産み出そうとする思辨哲學のこの不作法は決して止まないであろう。今日の自然科學者が具體的な對象から抽象的な對象へ移るや否や、彼らは右に述べたことを甚だ明瞭に現す。人生智や道德の問題に關する論爭、賢・善・正・邪についての爭いは、ここで人々が科學的一致の限界に到達したことを示すものである。專門の領域では極めて嚴密な科學者も毎日の社會生活においては彼の歸納的方法を棄て去って、哲學的思辨に迷いこんでしまう。丁度人々が物理學において非感覺的な物理的眞理、「事物自體」を信じるように、社會生活においては理性的なもの・賢いもの・正しいもの・惡いもの・「自體」を、絶對的生活狀態を、すなわち無制約の制約を信じている。我々のえた成果、すなわち純粹理性批判を適用しなければならないのはこの點である。

我々は意識、知識の存在、精神的活動（その一般的形式における）を、特殊のものからの一般的なものの發展として認めたのであるから、我々が、理性はその認識を對立によって發展させる、と云えば、それは云いかえただけである。種々の空間的範圍と種々の時間的繼續とにおいて與えられている諸現象の中で、存在を假象によって及び假象によって存在を知ること、切實さの程度を異にする諸〻の要求の中で、比較的切實でないものによって本質的なもの・必然的なものを區別し、逆に必然的なものによって非本質的なものを區別すること、種々の大きさの中で小さいものによって大きいものを、大きいものによって小さいものを計り、要するに、世界の諸〻の對立を相互に計り、和解によって一致させること、が精神の本質である。慣用の言葉では、本能的に、認識すること (erkennen) を計ること (ermessen) とも言っている。計るためには一定の尺度が必要である。丁度我々が、「自體的に」大きいか小さいか、硬いか柔いか、明るいか暗いかであるような客體を知らないように、そしてまたこれらの述語は專ら關係を指示するものであり、且つそれにもとづいて規定が施される尺度を必ず前提とするものであるように、理性が理性的なものを確認するためには必ず尺度を必要とするのである。

若し我々が他の時代、民族或は人物の行爲・制度・概念・格率を不合理と思うならば、その理由は逆の尺度で計ったからにすぎない。と云うのは、他の合理性を自分の合理性から區別する基礎になっている前提或は狀態が無視されているからである。人々が精神的測量において、物事の認識において、意見が分れるとすれば、その相互の關係は、一方が八十度を沸騰點とし、他方は百度を沸騰點とするレオミュールとセルシウスとの寒暖計のようなものである。尺度の差異が成果の差異の原因である。いわゆる道徳的領域においては、物理的事物において恵まれているような、科學的一致がない。その理由は、自然においてはとっくに諒解に達しているような一致した尺度を、我々は道徳においては持っていないからである。人々は理性的なもの・善いもの・正しいもの等々を經驗なしに、經驗の力を借りずに、思辨的に認識しようとしている。思辨は、すべての原因の原因、際限のない原因を、眞理「自體」、前提のない、際限のない眞理を、際限のない善いもの、際限のない理性的なもの等々を求める。際限のないこと、無制限の放漫、すなわちその實踐における不一致が思辨の原理である。若し或る既成宗教の信者が彼らの道徳に關して一致するならば、それは教義、教條及び戒律が彼らの理性に與えている既成の尺度のためである。若し他方において我々が純粋理性によって認識しようと思うならば、理性が或る尺度に依存していることは、不純の認識すなわち個々の認識によって證明されるであろう。

眞理或は科學一般の尺度は感性である。物理的眞理の尺度は外界の諸現象であり、道徳的眞理の尺度は慾望の多い人間である。人間がどういう行動をするかは彼の慾望によってきまる。渇きは飮むことを教え、苦しみは祈ることを教える。慾望は南國では南國的であり、北國では北國的であり、時間と空間、民族と個人を支配し、野蠻人に狩りをさせ、食通に食道樂をさせる。人間の慾望が、善いもの・正しいもの・惡いもの・理性的なもの等々を計るための尺度を理性に與えるのである。我々の慾望に適うものは善であり、それに反するものは惡である。人間の身體的知覺が道徳規定の對象、「實踐理性」の對象である。人間の慾望が矛盾の多い雜多なものであることが、道徳規定が矛盾の多い雑多なものであることの根據である。封建時代の同業組合員は競爭の制限によって繁榮し、近代産業の實業家は自由競爭によって繁榮し、このように兩者の利害は矛盾するので、從って見解も矛盾し、一者が當然合理的であると見なす制度も、他者にとっては不合理である。若し或る人の理性が純粋に自分の內から絶對に理性的なものを規定しようと試みるならば、彼は自分自身をもって人類一般の尺度とするより外仕方がない。若し人が、道徳的眞理の源泉を自己自身の中に持つ能力が理性にある、と考えるならば、それは、感性界や對象なしに認識を產み出そうとする思辨的誤謬に陷ることである。同じ誤謬から、理性は權威として人間の上に位するという考え、人間は理性の要求に從わなければならないとする考えが生れてくる。この考えは人間を理性の屬性にしてしまう。實際は、逆に理性が人間の屬性であるのに。

人間が理性に依存するのか、或は理性が人間に依存するのかという問は、國民が國家のためにあるのか、或は國家が國民のためにあるのかという問と同じである。最後の究極の場合においては、國民が第一位であり、國家は國民の要求に從って限定される。しかし、一旦國民の最高の支配的利害が國家權力を握ったならば、次に國民は全く國家に依存したものとなる。このことは言いかえれば、人間は附隨的な事柄については主要な事柄によって支配される、ということである。人間は大きな、全體的な、一般的なことのためには、比較的重要でない、小さい、特殊なことを犧牲にする。人間は贅澤な慾望を本質的な必然的な要求に從屬させる。一般的福祉のために放蕩の快樂を棄てることを敎えるのは、理性一般ではなく、虛弱な身體の理性或は限りある財布の理性である。感覺的慾望は、理性がそれによって道徳的眞理を作り上げるための材料である。さまざまの切實さにおいて或は種々の範圍内において、感覺的に與えられる慾望の中から、本質的なもの・眞なるものを個々のものから區別し、一般者を發展させることが理性の課題である。理性的に見えるだけのものと眞に理性的なものとの區別は、特殊なものと一般的なものとの區別に還元される。

先に述べたように、理性が、存在し、活動するためには、すなわち一般に認識しうるためには、感性界を前提とし、認識されるところの與えられた對象を必要とする。存在は認識一般の制約或は前提である。自然學の課題が眞の存在の認識であるように、智慧の課題は理性的存在の認識である。自然學は眞なるものを、智慧は理性的なものを認識するように、一般に理性は存在するものを認識しなければならない。「眞の」は「一般的」と飜譯され、「理性的」は「合目的的」と飜譯されるように、「眞に理性的」というのは「一般的に合目的的」という意味である。我々が先に見て來たように、感性界の現象は「自體的に」眞ではなく、相對的に眞であるにすぎず、他に比較的に一般的でない現象と關係して、眞であるとか一般的であるとか云われるにすぎない。同じように人間生活においても或る行動が「自體的に」理性的或は合目的的であることはない――その行動は、同じ目的を比較的に合目的的でない方法で、すなわち非合目的的な方法で追求するところの他の行動に關係してはじめて合目的的であるということができる。丁度眞なるもの・一般的なものが、特殊の對象、與えられた量の現象と關係して一定の限界を定め、その限界内で眞であり或は一般的であるように、理性的なもの或は合目的的なものは與えられた狀態を前提とし、その前提の下で理性的或は合目的的であることができる。このことは次のように云い現される、目的（Zweck）は合目的的なもの（das Zweckmässige）の尺度（Mass）である。與えられた目的にもとづいてのみ合目的的なものは規定される。先ず目的が與えられたならば、次いで、その目的を最も廣く、最も大きく、最も一般的に實現する行動が理性的と云われ、それにくらべて合目的の程度の少い行動は何れも非理性的であるということになる。

純粹理性の分析によってとり出された法則、すなわち、すべての認識、すべての思惟は、或る感覺的對象に、或る量の感性界に關係するという法則に從えば、我々の區別する能力が區別するすべてのものは或る量であり、從ってすべての區別は單に量的であって、絕對的ではなく、單に程度の差であって、無制約ではない、ことは明かである。更に、非理性と理性との區別、すなわち一時的に或は個別的に理性的なものと絕對に理性的なものとの區別は、すべての區別と同じように、純粹に量的であり、從ってすべての非理性的なものは理性的に制約されており、無制約的に理性的なもののみが非理性的である。

我々が、一般に認識は外的な客體、外的な尺度を必要とすることを理解するならば、その時我我は、際限なしに理性的なもの或は絕對に理性的なものを認識しようとすることを思いとどまるであろう。我々は控え目にして、一般の場合にもそうであるが、理性的なものをも特殊なものの中で求めねばならないであろう。一定の・精確な・確實な・一致した・認識の成果がえられるかどうかは、課題を明確に限定すること、認識されるべき感覺的定量を精確に局限することにかかっている。若し一定の時期・人間・階級・民族が與えられ、それと同時に本質的な要求、一般的・支配的な目的が與えられるならば、何が理性的であり或は合目的的であるかについてはもや疑問がなくなる。恐らく我々は人間の合理性をも全く一般的に知ることができよう。しかしそれは、我々にとっても尺度となるものは一般的人類であって、人類の特殊の部分ではない、という前提の下においてである。科學は特殊の個人の身體の構造だけでなく、人間の身體の一般的類型をも認識することができる。しかしこのこともまた、科學が認識能力に對して個人的材料でなく、一般的材料を提供する、という條件の下においてのみ可能である。自然科學が人類全體を四つか五つの人種に分け、言わば人相學上の法則を作った場合、その後になってなお、珍しい性質を持っているのでどのきまった分派にも入らない人間或は人種が實際に現れて來たとしても、この例外の存在は自然的世界秩序を破るものではなく、我々の科學的分類の不完全であることを證明しているにすぎない。これに反し、支配的な考え方が或る行動を一般に理性的或は非理性的と定め、そして實際生活において矛盾に出逢った場合には、その考え方は道徳的世界秩序における市民權を反對者に拒否することによって、新しいものを認識する勞を省きうると信じている。こういう人々は、矛盾する事例の存在によって規則の通用に制限のあることを悟ろうとせず、矛盾を度外視することによってその規則に安價な絕對性を買い與えようとするのである。このようなやり方は、獨斷的な拒否であり、客體を所屬外として無視する否定的な實踐であって、肯定的な認識ではなく、矛盾の媒介によってこそ證明される聰明な知識ではない。

さてそこで、我々の課題が絶對に人間的＝理性的なものの確認を要求するならば、このような述語は、例外なしにすべての人間にとって、すべての時代において且つあらゆる狀態の下で合目的的であるような行動のし方を示すにすぎない——從ってそれは、矛盾のない、そしてその限りにおいて何物をも語らない、無規定の一般性である。物理的に全體は部分より大きいとか、道德的に善は惡よりすぐれているとかいうことは、そのような一般的な、それ故に無意味な、非實踐的な知識である。理性の對象は一般者である、しかし、——特殊の對象の一般者である。實踐する理性は、個々のもの・特殊のものを問題にし、一般者に對立するもの、すなわち一定の・特殊の・知識を取扱わなければならない。物理學において、何が全體であり何が部分であるかを知るためには、所與の現象或は客體が豫めきめられている。道德において、選ぶべき善は何であり惡は何であるかを確認するためには、人間の要求の一定の・所與の・特殊の・量が前提となっている。一般的理性は、その一般的な永遠の眞理と共に無智の幻影であって、個人の權利を救いようのない鎖で締めつけるものである。現實の、眞の理性は個別的であって個別的な認識を產み出しうるにすぎない。そしてこの認識は、その土臺となっている材料以上に一般的ではない。一般的に理性的であるのは、すべての理性が承認したもののみである。若し或る時代、階級或は人間の理性が理性的と稱し、しかもそれについてその反對も承認されているならば、例えば、ロシアの貴族が農奴制度を、イギリスのブルジョアがその勞働者の自由を、それぞれ合理的な制度と見るならば、恐らく兩者の何れもが絶對に合理的なのではなく、何れも相對的にすぎず、それぞれ多かれ少かれ制限された範圍内において合理的であるにすぎないであろう。

右のように云っても、この場合我々の理性に重要な意義のあるのを否定するものでないことは、更めて斷るまでもないであろう。理性は思辨的研究の對象、道徳的世界の對象、眞、美、正、惡、理性的なもの等々を絶對的に、獨立に發見することはできないにせよ、しかし理性は感覺的に與えられた諸關係の助けによって相對的に、一般的なものと相對的なもの、存在と假象、必然的要求と贅澤な享樂とを區別することはできるであろう。我々は理性的なもの自體への信仰を棄て去っているので、絶對的な平和の友ではないとは云うものの、しかし我々は我々の時代或は市民階級の平和的關心に關連して、戰爭を不治の惡と稱することはできる。我々が眞理一般へのむだな探險旅行を止めてはじめて、空間的・時間的眞理を見出すことができる。我々の認識は相對的にのみ有效であるという意識こそ、進歩への最も強力な槓杆である。絶對的眞理の信者は彼らの頭の中に、立派な人物とか合理的な制度とか云う退屈な圖式を持っている。それ故彼等は自分達の規範に合わない人間的及び歴史的形態のすべてに反對するが、現實は彼等の考えにはお構いなしにこれらの形態を産み出して行く。絶對的眞理が不寛容の根本原因である。逆に寛容は、「永遠の眞理」は條件づきでのみ有效であるという意識から生れる。純粹理性の理解、すなわち、精神の一般的依存性への洞察が、實踐理性への眞の道である。

(b) 道徳的正

本質的に云えば我々の仕事は、純粋理性は無意味であること、理性は個々の認識作用の總括であること、理性は純粋であり一般的であるかに思われるにすぎず、事實上は常に必然的に實踐的なすなわち特殊な認識の總括に外ならないこと、を證明するにとどまっている。我々は純粋認識或は絶對的認識の科學と自稱する哲學を考察して來た。そして、哲學の發展は幻滅の連續を示し、そこでは、無制約の或は絶對の諸體系も時間的・空間的に制約されていることが證明されているから、哲學の目的がうつろであることは明かである。我々の敍述は永遠の眞理の相對的意義を示した。我々は、理性は感性に依存していること、一定の限界が眞理一般の必然的制約であることを、認識した。特に人生智に關しては、「純粋」認識能力の科學がえられても、その科學が實踐的に確認されるのは、賢いもの或は理性的なものが感覺的に與えられた狀態に依存するからである、ということを、我々は知った。更に我々がこの理論を狹義の道徳に適用するならば、正・邪について爭われている場合でも、科學的方法によって科學的一致がえられるであろう。

異教の道徳はキリスト教の道徳とは異る。封建道徳が近代の市民道徳から區別されるのは、勇敢と支拂能力とが異るようなものである。要するに、種々の時代と種々の民族とが種々の道徳を持っていることについては、詳細に (en détail) 說明するまでもないであろう。ここで必要なのは、この變化を必然的なものとして、人類の特徵、歷史的な發展として捉えること、そして、支配階級はいつでも自分の利己的な命令を「永遠の眞理」と稱するものであるが、そのような「永遠の眞理」を棄てること、そして正一般 (das Recht überhaupt) とは我々が思考力によって種々の個別的な正の中から取出してくる純粹概念であるという科學的知識とその「永遠の眞理」とを取りかえることである。一般的な正はあらゆる種屬名詞、例えば頭一般と同じ意味合いのものである。現實の頭は何れも別々のものであって、或は人間の頭であり、或は動物の頭であり、廣いか長いか、狹いか厚いか、すなわちそれぞれ個有の特殊の性質を持っている。しかし、別々の頭もやはり一般的な特性を、すなわちすべての頭が一致して持つ特性を、例えば、身體の長であるというような一般性を持っている。のみならず、すべての頭は別々の性質と同じように共通性をも持ち、特殊的であると同樣に共通的である。思惟能力は個々の、現實の頭から一般者を取り出し、そして頭という概念を作るが、これが頭一般である。頭一般がすべての頭の共通性であるように、正一般はすべての正の共通性を意味している。兩者共に概念であって、事物ではない。

現實の正は何れも特殊の正であって、一定の狀態の下で、或る時代において、この民族或はあの民族にとってのみ正である。「汝殺すなかれ」(一四)は平和のときには正であるが、戰時には不正である。また、この命令は、支配的な要求のためには不滿な情熱を犧牲にしようとする所の我々の社會の大部分にとっては正であるが、平和な社會生活を尊重するところまで行っていない野蠻人にとっては不正であり、それ故彼らは今述べた正を彼の自由に對する不正な制限と感ずるであろう。生命愛にとっては殺人は恥ずべき蠻行であり、復讐にとってはすばらしい慰めである。そのように、强盗することは强盗する者にとっては正であり、强盗される者にとっては不正である。この場合でも、不正について語るのは相對的な意味においてのみである。この行動は、それが一般的に嫌われる限りにおいてのみ、一般的に不正である。强盗が大部分の人にとって惡であるのは、我々の世代が國道で行われる冒險よりも市民的な用件により多くの關心を持っているからである。

若し或る法制・敎義・行動が絶對に正であり、正一般であろうとするならば、それはすべての時代の、すべての狀態における、すべての人間の福祉に適うものでなければならない。ところが、この福祉は、人間・狀態・時代がさまざまであるのと同じように、雜多である。私にとっての善が、他の人にとっては惡であり、普通は有益でも、例外的に有害のこともある。或る時代に役立つことも、他の時代には妨げとなる。正一般であることを要求しようとする法則は、決して何人にもさからうものであってはならない。いかなる道德も、いかなる義務も、いかなる斷言的命令(Kategorischer Imperativ)も、いかなる善の理念も、何が善であり、何が惡であり、何が正であり、何が不正であるかを人間に敎えることはできない。我々の要求に適うものが善であり、要求に反するものが惡である。しかし、一體、一般に善とされるものがあろうか。すべてがそうであり、すべてがそうでない。眞直ぐな木が善でもなく、曲った木が善でもない。何物も善でなく、すべては善である――私が必要とするならば。そして我々はすべてのものを必要とするのであるから、いかなる事物も善い側面を持っていることになる。我々はこの物或はあの物に制限されることはない。我々は無制限であり、普遍的であり、すべてを必要とする。それ故、我々の利害は數え切れず、言い現し切れない。それ故、いかなる法則も、常に特殊の福祉、特殊の利害を念頭におくだけであるから、人々にとって不滿足である。それ故、いかなる正も正しくなく、またすべての正は正しい。「汝殺すべし、而して汝殺すべからず。」

善い要求と惡い要求、正しい要求と邪な要求との區別は、眞理と誤謬、理性と非理性と同じように、特殊なものと一般的なものとの區別においてその解決を見出す。理性は、他の思辨的眞理と同じように、自己の内から積極的な正、絶對に道德的な格率を見出すことはできない。理性に感覺的材料が與えられてはじめて、理性は、數から云って普遍的なものと特殊なもの、程度から云っても本質的なものと非本質的なものとを計ることができる。正しいもの或は道德的なものの認識は、認識一般と同じように、一般者を求める。しかし一般者は、定められた制限の中において、特殊の・所與の・感性的・客體の一般者としてのみ可能である。若し人が或る格率、或る法則或は正を、正「自體」、正一般或は一般的な正とするならば、彼はこの必然的な制限を忘れている。一般的な正は先ず空虛な概念であって、その概念が一般的人間の正として捉えられてはじめて漠然とした内容を獲得する。しかし、道德、すなわち正の規定は實踐的な目的を持っている。そこで我々が一般に人間的な、矛盾のない正を、道德的正として認めるならば、實踐的目的は必然的に除外されてしまう。一般的にすなわちいつでも正しい行爲或は行動は、自己自身を推薦するのであるから、何ら法則上の規定をも必要としない。一定の人間・階級・民族、一定の時代と状況に適合した、限定された法則のみが實踐的價値を持ち、そしてその法則が制限され限定され、精密であればあるほど、つまり一般的でなければないほど、その法則はより多く實踐的である。

最も一般的な、最も廣く承認された正或は要求も、その質から云えば、或る瞬間の最も小さい正、或る人の一時的な要求より正しく、より善く或はより價値があると云うことはない。我々は太陽の大きさが幾百マイル或は幾千マイルであることを知ってはいるが、それにも拘らず我々は太陽をお盆の大きさと見ることも自由である。我々は道徳の命令を理論的或は一般的には善であり聖であると承認しても、しかし我々は實踐的にはそれを一時的に、場所によっては、個々の場合には、惡であり役に立たないものとして棄て去ることも自由である。最も尊嚴な、最も神聖な、最も一般的な正も一定の制限内で通用するにすぎず、また一定の制限内では、最も甚だしい不正も正として通用する。想像上の利害と眞の利害、情熱(passion)と理性(raison)、本質的な・支配的な・一般的な・公認の・要求及び傾向と偶然的な・從屬的な・特殊な・慾望、との間には恐らく永遠の區別があろう。しかしこの區別は、善の世界ともう一つの惡の世界との、二つの分れた世界を形造るものではない。この區別は積極的・一般的・永續的・絶對的のものではなく、相對的に通用するだけである。この區別は、美しいと醜いとの區別と同じように、その區別をする人の個性次第である。ここで眞の、主要な要求であるものも、他のところでは二次的な、從屬的な、忌まわしい傾向ともなる。

道徳とは、種々雜多に相互に矛盾し合う道徳法則の總括であるが、これらの道徳法則は、人間の自己及び他人に對する行動を統制して、現在においては未來をも、一者の外に他者をも、個人の外に全體をも考慮させる、という共通の目的を持っている。個々の人間は缺點があり、不完全であり、制限されている。人間は自己の補いとして他者を、社會を必要とし、從って自己が生きるためには他者をも生かさなければならない。このような相互の要求から生じた顧慮が、道徳と云う言葉で呼ばれるところのものである。

個人では不十分であり、他人との協同を望むことが、隣人を顧慮し、道徳の生れる根據或は原因である。ところで、この要求を持つ人は個人であり、人間が常に個人的であるのは必然的であるように、この要求は個人的であり、その强さの程度のさまざまであることも必然的である。隣人が私と異るのが必然的であるように、要求される顧慮の異ることも必然的である。具體的人間には具體的道徳が必要である。一般的人間というものが抽象的で無內容であるように、一般的倫理も抽象的で無內容であり、且つ人々がこの漠然とした道徳の理念から導き出そうとする倫理法則もまた非實踐的であり無益である。人間は生きている人格である。彼は自己の幸福と目的とを自己自身の中に持ち、自己と世界との間に要求・利害を媒介者として持ち、この利害の範圍からはみ出すいかなる法則に對しても、例外なしに、服從の責任を負わない。個人の道徳的義務及び責任は決して彼の利害を超えるものではない。それを超えるものは、特殊のものに對する一般者の物質的な力である。

若し我々が道徳的正を確認することを理性の課題と定めるならば、一致した科學的成果を望みうるのは、我々は豫め人間及び狀態に關して一致し、且つその中で一般的正が定められる限界について一致する、という條件の下においてであり、それ故、我々は正自體を求めるのではなく、一定の前提の下における限定された正を求めるのであるということ、すなわち我々は課題を嚴密に定めるということによってである。矛盾の多い道德規定、その解決の不一致は課題の誤解にもとづいている。所與の量の感性界なしに、制限された材料なしに、正を求めようとするのは、一般に感覺なしに自然を研究しうると信じている思辨の作用である。純粹の認識作用から或は純粹に理性から道德の積極的規定をえようとする望みの中には、先天的認識への哲學的信仰が現れている。

（二五）マコーレーは彼の英國史において、ジェームス二世の無法にして慘酷な統治に對する叛亂の個所で次のように云っている。「正しい反抗と不正な反抗との限界を精確に定めることはたしかに不可能である。この不可能は正と不正との區別の性質に由來するものであって、倫理學のすべての部分において同じ現象が見出される。善い行爲と惡い行爲との區別は、圓と四角とのようにはっきりしたものではない。德と惡德との間には、相互に入交っている境界がある。勇氣と無鐵砲、細心と臆病、氣前よさと浪費との間に誰が精確な線を引きえようか。どの程度の犯罪まで慈悲を及ぼしていいか、また慈悲はどの程度で慈悲という名前に値しなくなり、有害な弱さになるか、について誰が決定しえようか。」

この限界を精確に定めえない原因は、マコーレーの意味での正と不正との區別の性質にあるのではなく、捉われた考えに、すなわち、無制限の正や確定した德と惡德があると信じ、從って、善と勇氣・正と不正は、常に判斷する主體に關係してのみ通用し、客體自體にとって通用するのではない、ということを洞察しうるほど高くない考えの中にある。細心な人の眼から見れば、勇氣は無鐵砲であり、勇氣のある人の眼から見れば、細心は臆病である。現在の統治に對する反抗は、叛亂する人達にとってのみ常に正であり、攻擊される人達にとっては常に不正である。いかなる行爲も一般的に正、絕對的に正或は不正ではありえない。

人間の同じ性質も、要求と使い方次第で、また時間と場所によって、善くもなり惡くもなる。或る場合には、策略、詭計及び狡猾が通用し、他の場合には、誠實、節度及び率直が認められる。ここでは慈悲と寛大とが、かしこでは容赦のない、血腥い嚴しさが目的と福祉とに役立つ。人間の行爲がどの位有益であるかという量が德と惡德との區別を決定する。

理性は、それが性質、規定或は行動の正しさの量を計りうる限りにおいてのみ、正と不正、德と惡德とを區別することができる。いかなる斷言的命令も、いかなる倫理的嚴命も、現實の實踐的な正を基礎づけることはできず、逆に倫理學は現實に感覺的に正しくあることの中にその基礎づけを見出すのである。一般的に理性にとって率直が狡猾よりよい性質であるとは云えない。ただ、狡猾より率直の方が量的に、すなわちヨリ度々、ヨリ屢〻、ヨリ一般的に具合よく行く限りにおいて、率直が選ばれるだけである。以上によって明かになったのは、實踐が科學の前提である限りにおいてのみ、正に關する科學が實踐のための導きの絲の役割をするということである。

科學は、それが實踐によってはじめて教えられたことより以上のことを實踐に教えることはできない。理性は人間の行爲を豫め定めることはできない。そのわけは、理性は現實を經驗するだけであって、豫料することはできず、何れの人間も何れの状況も新しく、根源的、獨創的であって、決してかつてあった如くではなく、理性の可能性は後天的判斷に限られているからである。

一般的な正或は正自體は、當てのない正であり、思辨的願望である。科學的一般的な正は所與の感覺的前提を必要とし、それを基礎として一般者の決定が行われる。科學は、「これこれのことは正しいと認められているから正しい」と云ったりするような獨斷的證言ではない。科學はその認識のために外的な根據を必要とする。科學は、或るものが正しく存在している限りにおいてのみそれを正しいものと認識することができる。存在が科學の材料・前提・條件・根據である。

以上述べたことから、道德は思辨的或は哲學的にではなく、歸納的或は科學的に研究されなければならないという要求が結果として生ずる。我々は、絶對的に一般的な正ではなく、相對的に一般的な正のみを知ろうとし、且つ豫め定められた前提の下における正のみを常に理性の課題としなければならない。そのとき、倫理的世界秩序への信仰は人間的自由の意識へ解消してしまう。理性、知識或は科學の認識は、すべての倫理的格率の正しさは制限された妥當性を持つという認識を含んでいる。

人間は、有益な・價値ある・神々しい・感銘を彼に與えるものを、最も尊いものとして信仰の聖所に陳列した。エジプト人は猫を、キリスト教徒は神の攝理をあがめた。人間もはじめは必要に應じて秩序と規律を作ったのであるが、法則の有難さに感激して、法則は高貴の由來をもつものと思いこみ、自分で作ったものを神の賜物と信じるに至った。鼠取りの發明やその他の新しい道具は、猫をその高貴な位置から追い出した。人間が自ら主人となり、自分自身を保護し守護し、自ら豫見するようになると、ほかからの攝理は何れも無用となり、丁年に達した者にとっての上からの後見は煩わしくなる。人間はなんとも嫉妬深いものである。人間はどんなものをも容赦なく自分の利害に從屬させる、神と命令をも。或る規定がその忠實な奉仕によってなお古くして重要な權威をえているにしても、新しい、それと矛盾する必要が起れば、人間は神の命令を引下げて人間の規定にし、古い正を新しい不正に變えてしまう。眼には眼を、歯には歯を（一六）、という見せしめの罰による威嚇を、ヘブライ人は道徳的素行の守護神としてあがめたが、キリスト教徒は全くつまらないものとしてそれに敬意を拂わなかった。キリスト教徒は和ぎの祝福を學び、忍從の寛容を聖地へ持ちこみ、右の頬を十分打たれたら、左の頬をも差出せ（一七）、という溫厚な要求でうつろな聖所を飾った。ところが、名前だけではいかにもキリスト教時代であるが、實際上は甚だ反キリスト教的な現代においては、この尊敬された寛容もとっくに實行されなくなっている。

何れの信仰もその特殊の神を持っているように、何れの時代もその特殊の正を持っている。その限りにおいて、宗教と道德とはそれぞれその祭壇をおがんでお互に秩序を保っている。しかし、これらが不遜になるのは、これらが自分の限界以上に擴がり、一定のときに或る狀態の下で神聖であり正しくあるものを、無比のもの・絶對のもの・永遠のものとして、すべてのヨリ廣い狀態にまで及ぼそうとしたがり、特殊の病氣に利く療法で一般の病氣に對してインチキ療法を施し、心驕って自分の素性を忘れるからである。元來法則は個々の要求によってできたものであるが、一旦でき上ると、あらゆる要求を持つ人間はこの細い綱の上で踊ることになる。元來は實際に善いことが正しいのであるが、後には命令された正だけが實際に善いということになる。ところが、これは堪えられないことであって、制定された法則は、この時代、この民族或は國土、この階級或はカストにとって正しいというだけでは滿足せず、すべての世界を支配し、正一般であろうとする。それは丁度或る丸藥が、すべてに利き、下痢にも便祕にも同時に利く一般的藥品であろうとするのと同じである。この高慢ちきな干渉を擊退し、雄鷄から孔雀の羽をもぎとることが進步の仕事であり、これこそ、許された限界より先へ人間を導き、人間の世界を擴張し、差押えられていた自由を人間の抑壓された關心のために取りかえしてやるものである。パレスチナから、禁止されていた豚肉を食べてももはや頭瘡や疥癬という惡い結果が生じないヨーロッパへ移住することは、かつては神聖であったが今日では無意味となった拘束から我々が解放され本來の自由をうる所以である。しかし、この進步が神或は正から金モールを剝ぎとるのは、それを他のものにかけるためではない。それでは交代であって、成果とは云えない。この發展は昔からの聖者を國外に追放するものではなく、彼を、一般者という横領していた土地から、その特殊の境内へ追いかえすだけである。この發展は子供をとり上げ、然る後に浴槽の湯を棄て去る。猫が後光を失い、神であることを止めても、なお鼠をとることを止めはしない。そして、時を定めて身をきよめるユダヤの戒律がとっくに忘れられても、それにも拘らず淸潔は常に尊重されている。我々が現代文明の富を持っているのは、全く古い收穫を經濟的に管理したおかげである。この發展は革命的であると同じく保守的であり、すべての法則において正と共に不正をも見出すものである。

勿論、義務を信じている人達は、道德的正と法律的正との差異を認める。しかし、彼らの關心が捉われているので、すべての法律は元來道德的であり、一定の道德は何れも發展の經過において單なる法律にまで沈下する、ということを見拔かない。彼等の理解は他の時代と他の階級とには及ぶが、自分のことだけはわからない。彼らは中國人とラプランド人の法律において中國とラプランドの要求を認める。ところがブルジョア生活の服務規程は遙かに高尙なものとされる。我我の今日の制度と道德概念とは永遠の自然眞理及び理性眞理または純粹良心の永久の託宣であると云うのである。あたかも野蠻人は野蠻人の良心をも持たず、トルコ人はトルコの、ヘブライ人はヘブライの良心を持たないかのように。人間が良心に從いうるかのように。全く逆に良心が人間に從うのであるのに。——

人間の本分を、神を愛し神に仕えることに制限し、それによって永遠に天國に生きようとする人は、傳統的な道德規程を權威と認めて信じ、それに則って世に處するであろう。これに反し、人間の發展・形成・地上の幸福を目的と考える人にとっては、傳統的な道德が優越を呼稱するのに疑いを挾むのは當然であろう。個人的自由の意識がはじめて、我々をして他人の規則に構わずに大膽に前進させ、まぼろしの理想・最良の世界一般への願望から我々を解放し、我々を我々の時代と個性との明確な實踐的關心へ連れ戻す。そして同時にこの意識は、我々をして現在の現實世界と和解させる。それによって我々はもはやこの世界をあるべきものの間違った實現と見ずに、ありうるものの秩序と見る。この世界は常に正しい。現にあるものはあるべきものであり、他のものになるより先に他のものであることはできない、現實が、力が存存するところには、自ら(per se)また正がある、すなわち正しいものの表現がある。現實において無力が正しいとされるのは、有力なものを求め、それによってこの要求に、拒まれていた有效さを與える限りにおいてのみである。歴史の理解は、過去の宗教・慣習・制度及び觀念を、その否定的な・滑稽な・古くさい・側面からだけでなく、肯定的な・理性的な・必然的な・側面からも明かにする。例えば、動物を神として禮拜することは、その動物の有益なことを熱烈に認めたことを教えている。それと同じように、現在の理解は現存の事物の秩序を不十分のものとして示すだけでなく、それ以前の前提の、理性的・必然的な結論であることを明かにする。

(c) 神聖なもの

「目的は手段を神聖にする」という周知の命題において、進歩した道徳論が實踐的に表現されている。この格率は、曖昧な意味にとれば、我々とエスイタ教徒とに對する共通の非難として役立つ。イエス社の辯護人達は、この原則は彼らの仲間に對する惡意ある中傷であることを示そうとする。我々はこの兩派の何れにも贊成も反對もしようとは思わない。我々は事柄だけについて語り、この教えを眞にして理性的なものとして基礎づけ、輿論の中で名譽囘復をさせようと思う。

この命題に對する最も一般的な反對を和らげるためには、手段と目的とは極めて相對的な概念であり、すべての特殊の目的は手段であり、すべての手段は目的である、ことを理解するだけで十分であろう。大と小、正と不正、德と惡德との間に積極的區別がないように、我々は手段と目的とを積極的に區別することはできない。いかなる行爲もそれだけを切り離して全體としてみれば自己目的である。そして、最も短時間の行爲も諸契機に分れるが、この種々の諸契機はその行爲の手段である。何れの特殊の行爲も他の同樣の行爲と共同して一般的な目的を追求すれば手段となる。行爲自體は手段でも目的でもない。いかなる物も、その物自體だけを考えれば無である。いかなる一片の存在も相對的である。事物は、相互の關係において及び關係によってのみ、現にある通りのものである。狀態が物を變える。各〻の行爲は他の行爲を伴う限りにおいて手段であり、その目的を自己の外に、共通なものの中に持っている。しかし、各〻の行爲がそれだけで閉されている限りにおいては目的であり、その手段を自己の內に含んでいる。我々は生きるために食う。しかし、我々が食っている間生きている限りにおいては、我々は食うために生きている。生命とその機能との關係は、目的とその手段との關係に等しい。生命は生命の機能の總和にすぎないように、目的はその手段の總和である。手段と目的との區別は、特殊なものと一般的なものとの區別に還元される。そしてすべての抽象的な區別はこの一つの區別に還元される。というのは、抽象する力或は區別する力そのものが、特殊なものと一般的なものとを區別する能力に還元されるからである。しかし、この區別は、材料、與えられたもの、或る範圍の感覺的現象、それによって區別が實證される或者を前提とする。この範圍を行爲或は機能の領域にとって考えるならば、云いかえれば、豫め制限された數の種々の行爲が對象であるならば、我々は一般的なものを目的と稱し、その範圍内の大小さまざまの部分を、すなわちそれぞれの特殊の機能を手段と稱する。或る一定の行爲が目的であるか手段であるかは、我々がその行爲を全體として見るか、すなわちその行爲を形造っている諸契機と關係させてみるか、或は部分として、すなわち他の行爲との共同の關係から見るかによって定まる。すべての人間の行爲を全體として概觀し、人間の行爲の全體を對象とする一般的な立場からみれば、人間の福祉という一つの目的があるだけである。この福祉がすべての目的の目的、最後の目的であり、本來の・眞の・一般的な・目的である。それに對してすべての特殊の目的は手段にすぎない。

さて、目的は手段を神聖にする、という我々の主張は、無制約の目的に關してのみ無制約に通用することができる。しかしすべての特殊の目的は有限であり、制約されている。絶對的な、無制約な目的は人間の福祉だけである。この目的は、すべての規則と行爲が、またすべての手段がそれに從う限りにおいて、これらの規則等を神聖にするが、これらが自分勝手のことをして、もはやその目的に仕えなくなるや否や、これらを誹謗する。福祉 (das Heil) は、言葉が示す通り、事實においても神聖なもの (das Heilige) の根源及び根據である。福祉をもたらすものは必ず神聖である。その場合、一般的な福祉、すべての手段を神聖にする福祉を、抽象的なものと誤解してはならない。その手段の現實的內容は、福祉を求める時代、民族及び人間によって異る。神聖或は福祉を定めるには一定の狀態が必要であること、いかなる手段もいかなる行爲も自體的に神聖なのではなく、與えられた關係によってはじめて神聖になることを見失ってはならない。目的一般ではなく、神聖な目的が手段を神聖にするのである。然るに現實の・特殊の・目的は何れも相對的に神聖であるにすぎないから、その目的はその手段を相對的に神聖にするだけである。

人々が我々の格率に對して持出す反對は、この格率そのものに對するよりも、その誤った適用に對して向けられている。彼らはこの格率を承認しない。彼らはいわゆる神聖な目的に、制限された手段のみを許す。というのは、この目的には制限された神聖のみが屬す、という意識が背後に隱れているからである。これに對し、我々がこの命題を主張することによって云おうとするのは、神聖であると云われている種々の手段及び目的が神聖であるのは、何らかの權威、例えば或る著作、良心或は理性の託宣がそれらを神聖であると稱するからではなく、それらがすべての目的及び手段の共通の目的、すなわち人間の福祉に適うとき、適うことによって、適う限りにおいてのみ神聖である、ということだけである。目的に關する我々の教えは、我々は神聖な信仰のために愛と忠誠とを犧牲にすべきであるとも云わないし、また逆に、我々は愛と忠誠とのために信仰を犧牲にしなければならないとも決して云わない。我々は次のような事實、すなわち最高の目的が感覺的秩序或は狀態によって與えられているときには、それと矛盾するすべての手段は惡であり、逆に、一般に惡い手段も一時的或は個人的福祉と關係すれば、一時的或は個人的に神聖になる、という事實を云っているだけである。平和が事實において福祉をもたらす目的として愛されている時には、常に戰爭は惡い手段である。逆に、人間が彼の福祉を戰爭において求めるときには、殺人と放火は神聖な手段である。云いかえれば、我々の理性が神聖なものを最後的に決定するためには、與えられた感覺的狀態或は事實を前提として必要とし、また理性は神聖なものを一般的に、先天的に、思辨的に決定することはできず、特殊的に、後天的に、經驗的にのみ決定出來るということである。

人間の福祉がすべての目的の目的であり、すべての手段より神聖であることを認め、更にこの福祉のすべての特殊の規定、すべての個人的理念を度外視し、しかもこの福祉の事實上の差異を承認するならば、同時に、一般に手段は目的が神聖であるより以上に神聖であることはない、ということを理解するであろう。いかなる手段、いかなる行爲も、積極的に神聖であり或は福祉をもたらすことはない。狀態或は關連次第で、同一の手段が善くもなり惡くもなる。一つの物は、その結果が善いときにのみ、そして善がその成果であり、目的であるからこそ善である。詐欺と欺瞞とは、我々に惡い結果を及ぼし、我々は欺かれ瞞されることを欲しないからこそ惡である。これに反し、神聖な目的に役立つならば、詐欺と欺瞞とにもとづく謀略も戰略と呼ばれる。貞操が善であるのは神が命令したからであると信じている人とは、我々はもう論爭しようとは思わない。しかし、德を德のために尊び、惡德を惡德のために憎む、すなわち結果のために尊んだり憎んだりする人は、健康と云う目的のために肉慾を犧牲にすること、言いかえれば、目的がはじめて手段を神聖にすること、を同時に承認しているものである。

キリスト教の世界觀にとっては、その宗教の命令は無制限に絶對に善であり、永遠に善であり、キリストの啓示が善と云ったから善である。この世界觀は、例えば特にすぐれた (par excellence) キリスト教道德、節制という特にキリスト教的な道德も、腐敗した異教の淫蕩に對してはじめてその價値を持っているが、理性的にして思慮のある慰樂に對しては最早道德ではない、ということを知らない。この世界觀は、その目的に關係なしに善である固定した手段や、目的に關係なしに惡である手段を持っている。そういう點で、この世界觀が、問題となっている格率に反對するのももっともなことである。

しかし、近代のキリスト教、今日の世界は、この信仰を實際はとっくに棄てている。なるほど今日でも口では、魂は神の似姿であり、肉體は惡臭を發する蛆蟲の袋であると云ってはいる。然るに事實は、宗教的極り文句が少しも眞面目に考えられていないことを證明している。今の時代は、かのヨリよき部分である魂には一向構わずに、その注意と努力との全部を恥ずべき肉體に向けている。今の人達は、科學と藝術、あらゆる地帶の產物を、肉體に榮光を與え、きらびやかに着飾らせ、美食で養い、丁重に保護し、そして柔いベッドでねかせるために使っている。彼らはかの永遠の生活にくらべてこの地上の生活については輕蔑して語るにも拘らず、しかし實際は一週間のうち六日は倦まずに享樂に耽り、それに反し天上のことについては日曜日の小一時間の不注意の注意にも値しないと考えている。そこでいわゆるキリスト教世界は同じような無考えの混亂によって、またもや口では我々のテーマを攻撃する。ところが實際は最も恥ずべき手段を自分の幸福をもって神聖化し、人に訴える論證 (argumentum ad hominem) をもって國費をもって賣淫を許してさえいる。若し我々の代議制國家の國會がそのブルジョア的秩序の敵を軍事裁判と追放とで抑えつけ、そして屢〻稱讃される箴言、「汝が人よりせられるを好まざることを、人になすなかれ」に對するこの犯罪を公共の福祉をもって合理化し、或は離婚法を個人の幸福をもって合理化するならば、それによって我々は、目的は手段を神聖にすることが事實上認められていることを見出す。そして市民 (Bürger) が、自分自身には拒まれているところの權利を國家に許すのは、我々の反對者の考えからみても、國家に隷屬する者が自分の權利を國家に讓り渡したものに外ならない。

ところで、ブルジョア社會において詐欺と欺瞞（二八）を、たとえ他の善行を目的としてではあっても、利殖の手段として使う者は、或は聖クリスピーヌスのように、貧乏な人々に靴を作ってやるために革を盗む者は、彼の目的をもってその手段を神聖にするわけには行かない。というのは、彼にとってその目的は、單に名目上は、恐らく一般的には神聖と云えるかも知れないが、しかし特殊の、上述の場合には神聖でないからである。すなわち、この善行は副次的に神聖な目的であるにすぎず、ブルジョア的秩序という主要目的に對して手段たりうるにすぎないから、しかもこの目的はその使命にさからうに至れば、それによって善い目的という名前をも失うから、そして先に述べたように、或る條件の下でのみ神聖である目的はまた同じ條件の下でのみその手段を神聖にするからである。すべての善い目的の缺くべからざる條件は福祉ということである。この福祉はキリスト教的或は異教的方法で、封建的或はブルジョア的方法で求められるにせよ、非本質的及びヨリ少く必然的なものは本質的及び必然的と見られるものに從屬する、という要求を常に持っている。ところがこれに反し、上述の場合ではヨリ高く評價される誠實とブルジョア的公正とが、ヨリ低く評價される善行の犧牲に供せられることになる。「目的は手段を神聖にする」とは、云いかえれば、經濟において收益がなければならないのと同じように、倫理學においても投下資本が儲けを得なければならないということである。そこで、無信仰者の回心を良い目的と呼び、警察の暴力的處置を惡い手段と呼ぶならば、このこともまたこの格率の眞理に對する反證ではなくて、適用の誤ったことを示している。この手段は神聖ではない。そのわけは、その目的が善でないから、すなわち強制的な回心は有益な（heilsam）目的ではなく、禍と僞善を招く目的であるから、そしてまたこの回心は回心という名に値しないものであり、或は強制はこの場合手段という名前の下には屬さない手段であるから。我々にとって強制的な回心ということは木の鐵と同じように馬鹿げたものであるから、いかにして我々はそのような無思慮、そのような無意味なこじつけ、そのような奸計と詭辯とをもって、事實上一般的に承認されている眞理に敵對することが許されるであろうか。またエスイタ教の手段、すなわち陰謀と奸計、毒藥と殺人が我々にとって神聖でないのは、エスイタ教の目的が、例えば教團の擴張、富と名聲との獲得が、罪のない說教に仕える二次的な目的ではありえても、我々からヨリ本質的な目的、例えば公共の安全や身體の安全を奪う如き手段を許すところの無条件に神聖な目的、最高の（atout prix）目的でないからにすぎない。殺人や殺害は個人的な行爲としては不道徳と見なされる。というのは、それは我々の目的に對する手段ではないから、すなわち我々は復讐や掠奪、裁判官の我儘や勝手な判斷を好まず、合法性と國家のヨリ多く公平な決定を好むからである。ところで、我々が陪審官となって、危險な犯罪人を縄と斧で無害にするときには、それは、「目的は手段を神聖にする」と明言していることにはならないであろうか。

既に幾世紀も前からアリストテレスと、すなわち權威の信仰と緣を切り、從って死んだ、傳統的な眞理の代りに——生きた、自分で認識した眞理をえたことを誇りとしている人々が、今扱って來た事例においては彼らの意圖と全く矛盾していることが見出される。或る馬鹿げた出來事について、たとえ信用できる目擊者が話をするにしても、しかし人々は良心の自由の原則に忠實に從い、話し手が滑稽な馬鹿げたこととして話したことを、聞き手は重大な困ったことと考えても差支えがない。人々は出來事とその主觀的な印象とを區別することができるが、印象の方はヨリ多く話し手によって左右されるものである。これに反し、善い目的と惡い手段との問題になると、人々は客體と、他の場合にはあらゆる批評の目標となるところのその主觀的規定との差異を閑却する。人々は幸福、無信仰者の回心等々の目的を、どこか他のところでそうであったが故に、直ちに・先天的に・無考えに、善であり神聖であると稱している。ところが、先に論じた場合における生きている印象は正にその反對のことを示している。そこで彼らは後れ馳せながら、正しくない稱號が正しくない特權を伴うことをいぶかるのである。

實際問題として善とか神聖とかの賓辭に値するものは、自ら手段であるところの、そして福祉という諸目的の目的に隷屬しているところの、目的だけである。人間がその福祉をブルジョア生活の中に、生産と賣買との中に、財産の安全な所有の中に求めるときには、彼は「汝盗むなかれ」（二九）という命令で長い手を切り詰める。これに反し、スパルタ人におけるように、戰爭が最高の善であり、狡猾が善い武士に必要な特性であるところでは、人々は狡猾になるために泥棒を習い、盗みを目的に對する手段として承認した。そこで、スパルタ人が武士であって眞面目な町人でなかったと云ってスパルタ人を責めるのは、現實を見損っているものであり、且つ我々の頭腦は、世界の代りに實際の狀態をもって置きかえることを任務とするものではなく、一つの時代・民族・個人は常に、與えられた狀態の下でありうるものであり、從ってまたあるべきものであることを把握することを任務とするものであるということを見損っているのである。

我々が「目的は手段を神聖にする」という命題をもって普通一般の考え方をひっくりかえすのは、咎むべき個人的な逆說好きの道樂ではなく、哲學的科學の適用の當然の結果である。思辨哲學は神と世界、靈魂と肉體、精神と身體、頭腦と感覺、思惟と存在、一般的なものと特殊なもの等の二元的對立の信仰から生じた。この對立の媒介が思辨哲學の目的或は哲學的研究の全成果として現れる。思辨哲學はその解決を、神的なものは地上のものであり、地上のものは神的であり、靈魂と肉體、精神と身體、思惟と存在、悟性と感性との關係は、統一と多樣性、或は一般的なものと特殊なものとの關係に等しい、という認識の中に見出した。思辨哲學は、最初のものとしての一から、二、三、四が、またその他多様のものが、後から續いて生じた、という誤った前提から出發した。ところが、眞理或は現實はこの前提をひっくりかえすものであり、多彩な現實・感覺的多様性が特殊にして最初のものであって、後から人間の腦髓作用が統一或は一般性の概念を其處から導き出すものである、という歸納的認識が促進されることによって、思辨哲學は克服されて行った。

いかなる科學の成果も、この一つの小さい認識批判の果實を收穫するために費された天才と叡智との努力とはくらべものにならない。そしてまたいかなる科學上の新說も、その承認に對するそれほど古く、根の深い障害に出會ったことはない。哲學の成果を知らないすべての頭腦は、眞正の・眞實の・一般的な・福祉（Heil）、すなわちそれを發見すればにせの・假の・特殊な・聖殿（Heiligtum）のすべてがこわれるような福祉の實在という古い信仰に支配されている。然るに思惟過程の認識は我々に、この求められた福祉は腦髓の產物であることを、すなわちそれは正に一般的なすなわち抽象的な福祉であるべきであるから、決して感覺的な或は現實的なすなわち特殊な福祉ではありえないことを敎える。眞の福祉とにせの福祉との絕對的區別の信仰の中には、精神作用の由來に關する無知が現れている。ピタゴラスは數を事物の本質と考えた。若しこのギリシア人が、事物のこの本質は頭腦或は理性の作り出したものであることを認識しえて、それに從って數を理性の本質として、すべての精神作用に共通の或はその抽象的な內容として規定したならば、それ以來絶對的眞理の種々の形態について、「事物自體」について、絶えず行われた喧嘩のすべては起らずにすんだであろう。

空間と時間は現實の一般的な形式である、言いかえれば、現實はよく言われるように空間及び時間において存在する。從って現實の福祉は何れも空間的及び時間的であり、空間的及び時間的福祉は何れも現實的である。種々の福祉は、それが福祉をもたらす限りにおいては、その幅と廣さにおいて、その擴がりの量において、その數において異るにすぎない。すべての福祉は、それが眞のものであっても想像上のものであっても、感覺による知覺によって、實踐によって、與えられるものであって、理性によって與えられるのではない。ところが事實においては相反する事物が種々の人間と種々の時代に福祉をもたらしている。ここで福祉であるものは、かしこで禍であり、またその逆でもある。その場合、認識或は理性のする仕事は、この感覺知覺によって與えられた福祉を、それが現れる人間と時代とに從って、或は種々の強さの程度に從って數え上げ、そして小さいものを大きいものから、非本質的なものを本質的なものから、特殊なものを一般的なものから區別することだけである。理性は眞の福祉を獨裁的に我々に指令することはできず、一定量の感覺的に與えられた福祉の中から、數から云って最も頻繁な、最も大きい、或は最も一般的なものを數え上げるだけである。しかし、このように認識され數え上げられた眞理も、一定の・與えられた・前提にもとづいていることを忘れてはならない。從って、眞の福祉一般を求めようとするのは無駄な努力である。實際問題として、そのような研究は、それが個別的な一定の福祉を認識することで満足するときにのみ効果がある。一般者は定められた制限の內でのみ可能である。ところで、福祉の種々の規定が一致するのは、大きいもののために小さいものを、本質的なもののために非本質的なものを犧牲にするのが常に福祉をもたらす所以であって、その逆ではない、という點である。これらの格率が正しい限りにおいては、更に、我々が大きい福祉という良い目的のために小さい禍という惡い手段を使う或は我慢する、すなわち目的は手段を神聖にする、ということは正しい。

若し人々が、各人がそれぞれ自分流儀で幸福になることを許すほど、十分に寛大であるならば、我々の考えの反對者も容易にその眞理であることを納得するであろう。ところが事實はそうではなくて、人々は月並の狹い了見を持ち、自分の個人的な立場を普遍的なものと考えた。人々は自分の福祉を唯一の眞の福祉とし、他の民族・時代・狀態の福祉を誤解と呼んでいる。それは丁度、藝術上の流派は何れもその主觀的な好尙を客觀的な美と稱し、統一は理念・思想のものにすぎず、現實の物が多樣であるのをも無視しているのと同じである。現實の福祉は多樣であり、眞の福祉は主觀的な選擇である。それは丁度、面白い物語が他のところでは異った印象をも與えるようなものであって、眞の福祉も僞の福祉でありうる。カント或はフィヒテ或はその他の哲學專門家が人間の本分について詳細に論じ、それによってこの課題を自分も聽衆も十分滿足するように解決してみせても、今の我々は十分に經驗を積んでいるので、人々は思辨的研究の方法では人間の本分に關する自分一個の槪念は定義しえても、未知の・隱れた・客體を發見することはできないのを知っている。思想・悟性にとっては客體は與えられているものであって、その爲すべきことは判斷・批評である。それは眞の福祉と僞りの福祉とを區別するであろうが、その限界をも知り、且つ思想・悟性自身が個人的であると同じく、この區別も個人的であって、他人が同じ對象から同じ印象を受ける範圍を越えてはもはや通用しないことを知らねばならない。

人類は一つの理念であるが、人間はいつでも特殊の人物であり、彼の獨自の生活を獨自の領域においてのみ營み、從って個人的な動機から一般的法則に從っているにすぎない。倫理學上の犧牲は、宗教上のそれと同じように、自己否定のように見えても實は利己心の合理化を目的としたものであり、ヨリ大きな收入を意圖した支出に外ならない。道德という名前に値し、服從と云った方が良いようなものでない道德は、それが價値があり、福祉をもたらし、有用であることの認識によってのみ實行される。利害の差異から黨派の差異が、目的の差異から手段の差異が生ずる。餘り重要でない問題においては、絕對的道德の代表者もこのことを證言している。

ティエールは、(三〇) 彼のフランス革命史において、愛國者達が國家權力を握り、王黨が革命的煽動を行っていた一七九六年という特殊の状況について、次のように述べている。すなわち、無制限の自由の隊員であるべき革命の加擔者が强壓政策を要求し、ひそかに共和國よりも君主國を欲していたその反對者は無制限の自由に贊成していた、と。「このようにまで黨派はその利害によって支配される」と彼の最後の註釋は附加えている。あたかもそれが變則であって、自然の、必然的な、避くべからざる世界の行程ではないかのように。これに反し、問題がブルジョア的秩序の基本法則に觸れてくると、支配階級の道徳的代表者達は、この法則が彼らの利害に依存していることを否定し、その法則を永遠の形而上學的世界法則とし、彼らの特殊の支配の支柱を人類永遠の支柱とし、彼らの手段を唯一の神聖な手段とし、彼らの目的を究極の目的とするほどに十分我慾に充ちているのである。

若し一つの時代或は階級がこのように自分に特殊の目的と手段を人類の絶對的福祉と稱するならば、それは有害な詐欺、人間の自由の泥棒、歴史的發展の阻止の試みである。流行において趣味が現れるように、人は元來道徳において利害關係を現すものである。流行や道徳が一旦でき上ると、着物と同じように、行爲も出來合いの雛型の中へ押しこめられる。その場合、權力は、自分が生きるために、必然的に暴力を行使し、反抗するものを強引に屈服させる。利害と義務とは、全くの同義語ではないにしても、しかし密接な關係にある表現である。この兩者は福祉という概念の中へ融けこむ。利害はヨリ多く具體的な・現在の・明白な・福祉であり、これに反し義務は廣い・特殊のことも考える・一般的な・福祉である。利害は手近な・手で掴める・音のする・財布の幸福を問題にするが、これに反し義務の要求するところは、我々が單に部分だけでなくてまた全體を、現在の・手近の・幸福だけでなく、また遠い・將來の・幸福を、身體の幸福だけでなく、また精神の幸福をも見失わないということである。義務はまた、心・社會的要求・未來・心の幸福に、要するに全體としての利害に氣を配り、必然的なものを保持するためには餘計なものを棄てることをきびしく我々に命令する。それで、汝の義務は汝の利害であり、汝の利害は汝の義務である。

我々の理念が眞理或は現實に適合すべきであって、逆に眞理が我々の理念或は思想に適合すべきではないとするならば、我々は正しいもの・神聖なもの・道德的なものの變ることは當然自然的であり眞であることを認めなければならない。そして我々は、實踐的に奪うことのできない個人の自由を理論的にも認め、個人は從來自由であったと同じく將來も自由であることを認め、法律を個人の要求によって作るべきであって、正義或は道德というような漠然とした・非現實的な・不可能な・抽象物によって形造るべきではない。正義とは何であるか。それは、人々が正しいと考えるもの、すなわち種々の人々において種々の形態をとる個人的概念の總括である。實際は個々の、一定の、特殊の正があるだけである。そこへ人間がやって來て、それらから正義という概念を引出す。それは丁度人間が種々の木材から木材一般という概念を、物質的な事物から物質という理念を引出すのと同じである。物質的事物は物質から或は物質によって成立つという廣く行亙っている考えの誤りであるように、道德法則或はブルジョア法律が正義の理念から生じたかに考える信仰は誤りである。

我々の實在論的、或は唯物論的と呼びたければそう呼んでもいいが、道德觀がもたらす道德的損失は外觀ほど大きいものではない。我々は、そのために社會的人間が無法な野蠻人や隱者になることを恐れる必要はない。自由と合法性とは、自分らと共に他人をも生存させることを強いられる協同關係の必要によって密接に結合している。若し或る人が彼の良心或はその他の人が彼の良心或はその他の唯心論的＝道徳的動機によって違法の行為——廣義の違法——を差控えるならば、それは誘惑が非常に弱いものにすぎなかったか、或は彼の性格が、自然的及び法律的刑罰が彼を命令された限界内に止めるのに十分なほど、從順であったかである。これらの刑罰が役に立たないときは、道徳もまた手段として無力である。若し道徳が有力であるならば、道徳は、輿論が不信者を引止めているのと同じ抑制をひそかに信者に及ぼしているに違いない。ところが、實際のところ我々は不信心の强盜より信仰ある詐欺師の方を多く知っている。口先ではなく事實上は我々の考えが滲透していることは、世間が多くの社會的價値を道德に置いている世間にも、事實上は我々の考えが滲透していることは、世間が多くの注意を道德よりも刑法 (code pénal) と警察に拂っていることによって證明される。

さて、我々の戰いは道德に對するものではなく、また決して道德の一定の形態に對するものでもなく、一定の形態を絕對的の形態にし、道德一般にするところの不遜に對してのみ行われるものである。道德の神聖ということが、人間はお互の福祉のために自己自身及び他人に負うところがあるという顧慮を意味するならば、我々は道德を永久に神聖なものと認める。しかし、この顧慮の方法と樣式、すなわち程度をきめるのは個人の自由に屬する。その際、權力、支配階級或は多數者がその特殊の要求を命令された正として通用させるということは、肌着が上衣より人間に近いのと同じように必然的である。しかし、だからと云って命令された正を絕對的な正と考え、人類の乘り越え難い柵と考えることは、將來のために必要な進步の勢力にとって全く餘計であるばかりでなく、有害でさえある、と我々には思われる。

論理學に關する手紙

特に民主主義的・プロレタリア的論理學

（一八八〇——一八八三）

第一の手紙

愛するオイゲン。お前は今、學生であれば大學へ行く年になった。大學に入ったら、或は法學、或は醫學、或は神學、或は哲學を専門としてえらぶにしても——先づ論理學の講義（Collegium logicum）を聞くのが普通である。論理學はいわばすべての學科の基礎科學である。さて、愛するオイゲン、お前も知っているだろうが、學校（Schule）と生活とは二つの異ったものとしてお互に別れている。私はこの二つのものの連關を示そうと思う。學校にも生活があり、生活にも教育がある（wird geschult）ということを。私はお前の大西洋を渡る旅行をいわば生活という大學への出發と見なし、そしてお前に論理學の講義をする教授の役目をしようと思う。

そういう役に、私は適していると思っている。そして私はラテン語もギリシア語も殆んど知らないが、それでも、研究も地位も最高の（optima forma）ドイツ國立大學の教授よりも、より良くお前を論理學の奥底へ導きうるという自信を持っている。その可能性についてはお前にも理解出來るだろう。というのは、僅かしか頭の中に持っていない人は誰でも、公式的な知識の規通りの束を知性の中へ詰め込んでいる人よりも、より容易に最後にはその僅かなものを十分に明かにすることが出來るのだから。

私の息子よ、お前は幸にもドイツのギムナジウムの十七年の課程を修了したから、そして修了に際してはお前の先生がお前に最優等の成績證明書を與えたのだから、お前には、アメリカ合衆國で生活という大學に通うだけでなく、その間に程度の高い煩瑣哲學に關する私の講義を理解出來る能力があると私が考えても差支えないだろう。

學校で學んでいる生徒が彼の獨學の先生より優れている譯ではない。このように云えるためには私は次のような事實、すなわち、人は――いかに學識があっても――個々の場合にはあわれにも不細工であるということ、そして他方においては、多くの事柄を知らないからと云っても、個個の場合には今まで科學によって知られているより以上のことを知る可能性がない譯ではない、という事實を引合に出すことが出來る。すなわち私は、私がここで語ろうとする事柄については、私が他の何處かで專門の文獻の中に見出すものより以上の認識を持っているということを主張する。そして私がこういうのは、愛するオイゲンよ、全く謙遜していうのだが、私の人格を自慢するためではなく、教えるという私の役目に或る權威を與え、學習に或る信念を與えようがためである。

實際私は信念を重要視している。お前は私が、權威に價値を認めない民主主義者であることを知っているが、しかし同時に、私を浴水を棄てはするが、子供は採り上げて、浴水と一緒に棄ててしまわないところの辯證法論者としても知らなければならない。子供にとっても、そして恐らくは民族にとっても、幼少の時には權威が缺くべからざるものである。そして教師にとっては、彼が子供を教えるにしても民族を教えるにしても、或る信念が彼に與える威光が必要である。生徒は先ず先生の智慧を信じなければならない。それによって生徒は必要な注意力と理解力を得ることが出來る。その後初めて、事物に關する知識と洞察力とがすべての權威を餘計なものにする。このようにして、權威のような高貴なものも時代の破壞的な流れに、歴史的な經過に從屬することになる。

今まで人類は餘りに屢〻、過ぎ去るものを神として祭り上げるという偏見に迷わされて來た。人類は一般の權威だけでなく、尚悪いことには、特定の權威を、この王座或はあの祭壇を時代の齒から守ろうとした。過ぎ去るものと過ぎ去らないものとの關係はいつもひどい誤解をうけていた。ところで、論理學は科學であり、悟性を正しくすることを企てるものであるから、我々は時間と永遠に關する一般的誤解の問題には幾度も歸って行くだろう。

論理學の最も有名な學者に對しても、重くるしい文體と難解な敍述について非難が加えられている。言語學者でさえも、この學科で使われるわかりにくい外來語について嘆くのを私は聞いている。その責任の多くのものは、數年來赤裸々に暴露されることを拒んで來たところの覆われた對象にあるだろう。また責任の一部分は博識ぶった符牒を使うという悪い習慣にも歸せられる。しかし、わからないという嘆きの責任の大部分は生徒の考え方が間違っていることにある。精神的努力がなければ、どんな新しいことも學べるものではない。そしてお前はお前の發達を心掛けているのだから、お前には勞働を冒瀆するキリストの言葉が眞理でないことがわかるだろう。勞働は祝福であるから、罪に由來するものではありえない。そしてお前は既に、有效な肉體的勞働及び精神的勞働に伴う感情がいかに快いものであるかという經驗をしただろう。

科學の領域で努力なしに提供されるものは、つまらないことを引伸して話すより以上のものではありえない。

お前は必要な思想的勞働を喜んではじめようとしていると思うから、私はお前の仕事が具合よく行くように出來るだけのことをすると約束する。そして、はっきり言えば、私の息子への手紙は、印刷されてもっと廣い範圍の讀者に行き亙るようにするという副次的な意圖をも持って書かれるから、一層力を盡そうと思う。

さて、私が私の課題の表題につけた副題について尙一言して置こう。お前は次のように考え或は言うかも知れない。卽ち、論理學は科學の重要な對象ではあろうが、特に民主主義的・プロレタリア的論理學と云えば、論理學を黨派的な事柄として扱うべきではなかろうか、と。しかし、この專門或はあの專門における特殊の業績は業績一般であり、この民族或はあの民族における特殊の進步が同時にまた進步一般、文化の進步であるように、プロレタリア論理學の思想もまた黨派の思想ではなく、論理學そのものの當然の歸結である。お前は恐らく次のように答えるだろう。すなわち、或る中國人の特殊の思想が齊合的であり論理的であるにしても、だからと云って論理學が中國的と稱せられることはない、と。この答えは非常に正しいと云えるだろう。しかし、今出ている問題の核心を衝いたものとは云えない。

プロレタリアの要求が支柱としている思想、およそ人間の顔を持っているすべてのものは平等であるという思想、すなわち、そう言ってよければ、この最も新らしいプロレタリアの思想は、從來非常に混亂していた論理學の問題への最も新らしい洞察によって、十分に基礎づけられる。今、この思想は人間の世界を支配しているのであるから、とにかくこの思想はいかなる中國の思想よりも多くの權利を持っている。更に工業の發展はすべての狀態を一様にし、單純にし或は明瞭にしたので、冷靜な眼で論理學の祕密を見拔くことも今では益〻容易になっている。最後に、論理學の理解は、ブルジョアの世界をからめつけているすべての偏見の克服を要求するものであるから、論理學は既にこの理由でもプロレタリア的という副題に値する。

民族問題は黨派的なものではなく、すべての科學の一般的な目的である。究極目的としての民族問題と、最も基本的な、最も抽象的な、究極の科學としての論理學とは、植物と植物學、或は法律と法律學とのように、事實上密接にからみ合っている。それと同じように、民主主義的利害とプロレタリア的利害とは密接に合生している。このことはアメリカ合衆國では未だ餘り知られていないが、それはこの大陸の民主主義の科學性というよりも、この大陸の幸運な狀況を一層よく示しているものである。貧乏人に無數の宅地を提供する無限の原始林と大草原とは、勞働と資本、資本主義的民主主義とプロレタリア的民主主義との對立——それを、引用記號をもって、いわゆる「對立」と考えるにせよ、そうでないにせよ——を消し去ってしまう。恐らくお前には未だプロレタリア經濟學の知識が缺けているだろうが、その知識によれば、正にアメリカの共和國の地盤の上に資本主義がいかに巨大な發展をしているかということ、その結果、初めは民族を奴隷にするが、後に解放するという資本主義の二重の課題が、時の經過と共に益〻明かになってくるということ、を疑いのない確實性をもって見抜くことが出來る。

第二の手紙

第一の手紙は多分に緒論の意味を持つものであったが、これから追々私のテーマに入って行こう。

論理學は人間精神に固有な活動を人間精神に教え、我々の内面的な頭腦を正しくしようとするものである。論理學の研究對象は思想、思想の本性及び思想の正しい秩序である。

人間の頭が考えるのは、胸が呼吸するのと同じように不隨意的である。しかし我々は意志をもって呼吸をしばらくの間止めたり、任意に早くしたり遲くしたりする事が出來る。そのようにまた意志は思想を統御することが出來る。我々は任意の客體を我々の思惟の對象にすることが出來るが、それにも拘らず間もなく我々は、意志の力と精神の自由とは胸の自由とそう違ったものではないことを確信するに至るだろう。

だから論理學が我々の頭腦を正しくしようとするものであると云っても、頭腦はその本性上既に正しくある、と云うことが出來る。

論理學は他の諸科學と同じように、生《なま》の經驗の神祕な源泉から智慧を汲み出してくる。例えば農學は、いかに田畠を耕すべきかについて農夫に敎えようとする。しかし、或る農科大學が講義をはじめるより前に、田畠は既に耕されていた。それと同じように人間も、論理學のことを聞かなくても、考えるということを理解している。しかし人間は、使うことによって生れつきの思惟能力を發達させ、自ら進歩し、時がたつにつれて益〻よく思惟能力を利用出來るようになる。そして農夫が農業科學に到達するように、思想家は論理學に、彼の思惟能力の明確な意識に、そして思惟能力の技術的な使用に到達する。

私はこの議論で二つのことを目指している。第一に、お前は、論理學によって逆立ちした頭を正しくしうるかのように、この問題を餘りに大きく考えてはならない。第二に、しかしまた問題を餘りに小さく考え、論理學はスコラ的な言葉の遊戯や無益な穿鑿であると看做してはならない。我々はすべての科學におけると同じように毎日の生活において、思想なしでは何も出來ず、いつでも思想の力によって仕事をしているのだから、概念活動の本性を洞察することは非常に價値のあることに違いない。

すべての他の科學と同じように、論理學もまたその歷史を持っている。マルクスが「ギリシアの思想的巨人」と名づけたアリストテレスは、一般に論理學の創立者として認められている。

その後古代の古典文化が野蠻の中へ沒落した後、近世のはじまると共にヴェルラムのバコ〔フランシス・ベイコン〕の名前が第一級の哲學的光明として浮かび上って來る。彼の最も有名な著作は『新機關』(Novum Organum) という表題を持っている。彼が新しい機關というのは新しい研究方法のことであって、その方法は、從來餘りに横行してた三百代言とは反對に、經驗に基づくべきものである、と主張された。その後デカルトすなわちカルテジゥス(彼自身著作においてはこの名前を使った)が今も有名な著作『方法論』を書いた。それから私はイマヌエル・カントの『理性批判』、ヨハン・ゴットリープ・フィヒテの『知識學』、そして最後にヘーゲルを思い出す。ヘーゲルについては傳記作者が、ナポレオンが政治の世界においてえたと同じ名聲をヘーゲルは學問の世界においてえた、と云っている。

ヘーゲルは彼の主著をまたも『論理學』と名づけ、彼の全體系を「辯證法」に基づいて作り上げた。——さてお前がこれらの哲學上の傑作の表題を眺めるだけで、いかにこれらの著作のすべてが同一の對象、すなわち我々もそれを問題としているのだが、知性の研究、認識の光の問題を廻って旋回しているかに容易に氣づくだろう。すべての時代の偉大な哲學者達は眞實の方法を、眞理の方法を、智慧を求め、いかにして悟性と理性とが科學に到達するかを研究してきた。

私は、論理學というこの問題が光榮ある歴史を持っていることを指摘するに止めよう。私はその精しい歴史に入って行くことは止めよう。宗教的狂信が論理學に加えた壓迫や迫害について語り、また世代から世代へ進むにつれて明かになって行った個々の認識を指摘することも止めよう。そういう問題に入って行けば、間違いだらけの泥試合の中に迷い込み、初心者の頭は混亂するだけだから。

若し或る工學の教師が蒸氣機關についてお前に教えようとして、先ず、最初に發明された缺陥の多い蒸氣機關を見せ、次に歴史的に、次第に改善され、進歩して行くところを示し、最後に今日の高さに到達するならば、それは道筋ではあろうが、廻りくどい道である。私は私の思惟の學問をいきなり、今までのすべての時代とすべての民族との力によって行亙っている最も明るい光の下で示すことに努力しようと思う。このことが成功するならば、これから色々の著者達について講義する際に、籾殼を小麥からふるい分けることが容易であろう。

その際は、私の引用が的確であるかどうかを引用文や例證で確かめ、それが社會的文化の眞の產物であることを證明することは止めようと思う。というのは、我々は最も一般的な、最も遍在的な對象を取扱うのであって、その對象は一般に語られ或は書かれるどの命題の中にも具體的に現れているのだから。――若し或る人が遠い時代或は不思議な事實について報告するなら、彼は證據を示さなければならない。ところで、私が私の問題について語ることが、通俗的な偏見に逆らうので、屢〻異樣な感じを與えることがあるにしても、私が眞理の證明として必要とするのは生徒の明晰な頭腦だけである。生徒があらゆる先入主なしに、唯一人で自分自身の經驗を吟味してみるなら、私の言うことに關する全面的な證明をそこに見出すだろう。

このように手近にある問題が長い間一般的には認識されなかったということ、そしてその問題について數千年續いた研究の後に尙多くの教え且つ說明すべき事柄が殘っているということが既に不思議なことである。しかしお前も知っている通り、屢〻小さいものが大きく、大きいものが小さいように、手近なものが隠れており、隠れているものが手近にあるものである。

愛するオイゲン、私はこの第二の手紙において緒論からテーマに移ると初めに約束した。しかし私はまだ緒論に止っており、粥をすばやく飲んでしまわずにその廻りをぐるぐる廻っているので、お前はじれったいだろうから、私は私のやり方を辯護しなければならない。私にそのような非難が加えられる所以のものは、考察される對象の特性の中にある。決して自分のところに止らず、他の者のところへさまよって行くのが、思想そのものの特性である。思想は私がよりかかるべき支柱である。ところが、支柱たるに止りえないというのがこの支柱の特性である。思惟は矛盾に充ちたものであり、辯證法的な祕密である。

さて、私はお前がすぐ理解するにはむつかしいことをお前に示しているということは私にわかっている。しかし、考えてみなさい。いつでもそうではなかったか。お前が第六學級〔卽ち日本流に云えば第一學年〕でラテン語の單語の變化を學びはじめたとき、お前は變化の意義の全部をすぐ理解することは出來なかった。お前はお前のすることを一應よく理解したであろうが、しかし、完全に理解したとは云えない。お前がヨリ深く言葉の構造に入り込んで初めて、端初の意義と目的とが理解された。それでここでもまた、私が講義するものの中、差當って消化出來るものを消化するより外なかろう。そしてお前がもっと敎育された後に初めて、お前は私を初めから終りまでよく理解しうるだろう。だから、私は或る著者から未知の事についての講義を受取るときには、私はいつでも、先ず問題について表面的に知り、その多くの頁や節について知り、それから最後に端初に歸り、そして幾度も繰返すことによって完全な理解に達する、という方法をとった。對象をよく知るにつれて認識の力も成長し、最後に至って端初が明かになった。このような方法を私はお前に唯一の正しい方法として推薦することが出來る。

今日の手紙の終りに尙少し注意して置こう。それは、論理學の研究のための正しい方法の推薦は、單なる緒論ではなくて、――前にも述べたように――科學そのものの本來のテーマである、ということである。

第三の手紙

愛するオイゲン。論理學について教えるという私の企ては、論理學者及び教師という二つのことを要求する。

教師としては、私は材料に美しい裝いをさせなければならない。だから、教育的樣式と文學的樣式とを結合し、ここでグスタフ・プットリッツ(一)の小説から一つの插話を引用することも許されるだろう。――

或る田舍のオルガン彈きが臨終の床に橫わっていた。彼は昨日彼の最後の力を聖歌に捧げ、それが終ると力を失い、教會から家へ運び込まれた。彼の伴奏は傑作(Meisterstück)であったのだが、それが彼の最後の作品(Endstück)ともなった。輕蔑されている喜劇役者の少女は夜鶯のような聲で彼に助力した。愚かな村人たちはそのオルガン彈きにも歌い手にも注意を拂わなかった。

その老人は小さい部屋を見廻し、彼の眼差は先ず、生涯を通じての彼の友人であり仲間であった忠實なピアノの上に注がれた。彼はその方へ手を差伸ばしたが、手はまた力なく下された。彼は全く手をそこまで屆かせようとは思わなかったようであった。遠くの友人に手を差伸ばしたような樣子であった。それから彼は窓の外の方を見て、今はどういう時であるかを思い出しているようであった。そして彼にすべてが明かになったとき、彼は彼の足下に跪いている少女の方に向いた。

「可哀そうな子供よ。」と老人は語りはじめた。「お前は昨日大變傷けられた。私がそれを知った時、私は初めは痛ましい思いをした。しかし、私が夜通し聞き、今も聞いている音樂の間から、私にははっきりわかって來た。少女よ、皆がお前を無慈悲に誹るのを喜びなさい。それは何よりも聖なる音樂のために起ったことだ。音樂のために殉敎者になることは、すべての傷をいやす幸福と歡喜だ。私の生涯も少しも良いことはなかった。そして私が、神樣がこの今の瞬間まで私に贈って下さったすべての善いものについて神樣に感謝するなら、私はいつでも最初にそして一番熱烈に、音樂という惠みに感謝しなければならない。この惠みは神樣がこの世に贈って下さったもので、私が最も痛みつけられた時に、最も微妙に私に現れて來るのだった。

私は生涯を通じて音樂のために苦しみ惱んだ。この貧しい地上の賭金からみれば、その收穫はどんなに高價で、その値打はどんなに素晴しかっただろうか。

私の父は東フリースラントの小さい町のオルガン彈きだった。その父は私の父の生れる前から同じ教會に屬していた。そしてその父も既に音樂家だったと思う。音樂は幾代も續いて私の一家の遺產であり、勿論唯一の遺產であった。私もこの遺產を守り、生涯を通じてこの旗を高く揭げてきた。私はここでお前の側にいるが、神樣がひとたび召されたならば、私の遺すものは古いピアノと私が全部自分で書いた樂譜だけだ——その外は今に至るまでに何も無くなった。勿論私はちがうやり方が出來ただろう。フィリッピンヘンは度々私を非難した。しかし彼女は音樂の祝福については何も知らない。私はそのことで彼女を非難しようとは思わない。というのは、神樣が、他の多くの人と同じように、彼女の魂の耳を閉じているので、何ともしようがないのだから。哀れな人達よ、音樂が彼等のためにその花を道に撒かず、その光を頭の周りに注がない人達は、いかに空しい、光のない生涯を送らなければならないだろうか。しかし、いつかは彼等の耳も開くだろう。そして地上で彼等に與えられなかったものを、神樣は天上で酬い給うだろう。

私達音樂の使徒は既に祝福の一部分を味わっている。というのは、すべての諧音を溶かすハルモニーが永遠の生命であり、そしてこのハルモニーは既にその羽搏きをもってこの地上の時間の中へ入って來ているから。……

いいかい、魂が地上の肉體から離れ、天上の頌歌に加わる時、どうなるかは私はすっかり知っている。そして私の外には誰にもわからない。……

お前には私のことはわからないだろう、少女よ。しかしお前は悲しむ必要はない。いつかはお前にもわかる時が來るだろう。このことだけを私は尙お前に云っておきたい。というのは、このことは今でも、これから先でも、世の中がお前にきびしく當る時、お前の慰めになるだろうから。私がお前に云ったように、私達は純粋に、心の中に天上のメロディーをもってこの世に生れて來る――貧しくても富んでいても、柔い絹の褥にねていても、ガサガサした藁の固い床に横わっていても、私達のすべては同じように。私達が呼吸している限り、私達は拍子を打っている。それは私達の胸の中の心臓の鼓動だ。メロディーが私達から失われるように見える時もある。私達の情熱が正常な拍子を狂わせる時さえある。しかし祝福された時には私達はいつでもメロディーを新しく見出す。そして私達は氣安く、軌道に乘っている思いがする。」

このようにオルガン彈きは彼の音樂を讃嘆した。

しかし心情に對してこのような力を持っているのは音のハルモニーだけでなく、色のハルモニーも、また藝術も科學も何れも同じ力を持っている。のみならず、最も單純な手工業や最も通俗的なもの、例えば財物や金錢の追求も、人間を奪い去り、彼の魂全體を僞の神に夢中にさせることも出來る。たしかにすべての人がそのような熱狂する性質を持っているのではなく、熱狂的な人でも特に熱狂的な瞬間にそうなるだけである。更に、藝術家、發明家及び研究者が最も價値のある且つ最も魅力のあるものを崇拜するということも爭われない。また、我々の魂の全體を個々の事柄に集中するのでなければ、いかなる大きな成果もえられないということも認められなければならない。

しかしお前は、人間の魂をそのように支配する對象は、その高さと貴さとの點ですべての對象と共通しているものであり、從って常に同時に普通の對象でもある、ということを知らねばならない。このような意識を辯證法的に淨化しなければすべての崇拜は物神崇拜である。

人はどんな個々のものをも物神にすることが出來るという事實を經驗すれば、お前は、個々のものでなく、全一のもの (das All) のみが眞の神或は眞理及び生命であることをはっきり確信するだろう。

一體それは論理學だろうか、神學だろうか。

同時に兩方である。お前がよく考えてみるなら、お前は、すべての偉大な論理學者は屢々神々及び神性を問題とし、逆にすべての尊敬すべき神學者はその問題を論理的秩序で基礎づけようとしていることを認めるだろう。論理學はその性質全體からみて形而上學的 (metaphysisch) である。

ところが一種の論理學者も存在していて、彼等は天上の領域と悟性的領域との避くべからざる連關を否定しようとする。彼等の一部分は宗教的思い遣りが多すぎてそうするのであって、最も高貴なものを分析的批判から守ろうとする。他の部分の人達は宗教的惡用に對して反感を持つに至り、宗教についてはもはや何も聞こうとしない。この兩者はいわゆる「形式論理學」(formale Logik) に仕えている。

この形式主義者達は陶器職人にたとえることが出來る。陶器職人は、自分の職業は食器、壺及び甕の形態に限られていて、材料とは何の關係もない、と主張しようとする。實際においては彼は、いかなる形態を具體化するに當っても、物體に形態を與えるより外に仕様がないのに。人はこれらの事物を言葉で分けうるだけであって、實際上分けることは出來ない。そして、物體と形態と同じように、有限な領域も無限のいわゆる天上の領域と、形而下的なもの (das Physische) も形而上的なものと分ち難く連關している。

論理學は思想を研究する。しかし、專ら眞理における思想を研究する。それ故、論理學が眞理を追求することは避けえない。從って、眞理を天上に求めるか地上に求めるか、或は到る處で探すか又何處で探すかという問題は、同じように不可避的に論理學者を牧師と接觸させる。この接觸を避けようとすることは、同情によるにしてもまた反感によるにしても、何れにしても科學を顧慮しないということになるだろう。

一方において、その問題を無限性にまで擴げ、論理的秩序を天上に至るまで、「すべての知識の最後の問題」に至るまで確かめようとする形而上學的論理學と、他方において、自ら制限された領域を設け、形而下的世界における論理的秩序の研究で滿足する形式論理學との區別――この區別は特にお前が注意するに値するものである。というのは、我々の文通がその周りを旋囘する核心がそこに隱されているから。

人が自分に限界を設け、天上へ飛ぶことをせず、實行出來ないことを企てようとしないのは、全く實踐的な事柄である。しかしお前は、實踐的限界はお前にとって理論的限界ではなく、絶對的の限界でもなく、或は他人にとっての限界でもないこと、を忘れてはならない。お前が天上へ飛ぶことが出來ず、實踐的な理由からすべての航空機を無視するにしても、しかしお前は、空を飛ぼうということに無限の努力をすることの理論的自由を押えつけはしないだろう、そしてまた人類の形而上學的な、すなわち無限の發展能力を目指す思想を放棄するようなしみったれたことはしないだろう。

第四の手紙

愛するオイゲン。私は第一の手紙で私の企てをお前に知らせ、第二の手紙で對象をいわば指先でつまみ上げて、その概略を示し、第三の手紙で對象の色合を指摘し、それが不可避的に宗教的なものに變って行くことを示した。引續いてもう少し精しく問題を論じることを、お前は私に許してくれるだろう。

大部分の民衆は從來どこでも上流の僅かな少數者の馱獸であった。この事は古代の奴隷國家、エジプトやギリシアやローマにおいて最も明かに現れていた。中世の封建制度や同業組合制度の下においても民衆の奴隷的狀態は十分に明かであった。現在その狀態は西歐の工業國においてよりも、東歐、ロシア、それからトルコ、ブルガリア、ハンガリア、東プロシア等において明かに現れている。北アメリカの合衆國においてはそれは最もよく蔽われているので、そこでは民衆は奴隷狀態を殆んど感じない程である。その上上流の幾萬の人達は多くはいわば一兵卒から身を起したのであり、このことはヨーロッパよりアメリカの方が著しく、資本の首魁達も苦しい勞働によって自分達の基礎を築いたのであった。それで近視眼の人達は、困難な端初に同情して終りの方のごまかしを忘れてしまい、苦しんでいる駄獸も勤勉と狡猾とによって幸運な大富豪になりうるという空しい望みのとりこになっている。

お前はきっと尋ねるだろう。そんなことは論理學や思惟方法と何の關係があるだろうかと。まあ辛抱しなさい。重荷を卸すということ、民衆を動物的勞働から、苦痛と困難から解放することが、人間の精神が求める最高のものであることは、お前も文句なしに承認するだろう。思想がこの高い目的に達するための最も重要な道具であることもお前は見損わないだろう。思想上の業績は文化の成果において明瞭に現れてくる。現代のプロレタリアートは、すなわちロシアの、トルコの、そして東プロシアのプロレタリアートも、思想上の業績に關與している。プロレタリアートが關與するというのは、頭腦が訓練され教化されるという意味においてだけではなく、プロレタリアートの食事、衣服及び住居も、知性の働きが進歩すれば、高められるということである。——そこで、民衆の問題は思惟能力——言葉の上では、精神、知性、認識能力、理性等々全く色色の云い方をされるが——と密接に連關しており、懷中時計の複雜な齒車仕掛が思惟能力の本質を明かにする役に立ちうるように、思惟能力の本性は文化の發展の例で證明されるということがお前にもわかっただろう。ただ一つの事ははっきりさせて置かなければならない。私は神祕的なものを純粹にそれだけで示すのではなく、文化の發展に關係させ或は懷中時計に關係させるにしても、常に他のものと結合させてのみ示すということである。だから、知的な齒車が、細かい(en miniature)思想上の仕事によってよりも、文化史の齒車仕掛によって、ヨリ力強く、ヨリ立派に現れるということは、決して矛盾とは云えないだろう。

普通に人が事物の連關を研究する時には、連關の方式、種類及び樣式或は程度を認識しようとする。ここでは我々は、思惟と存在、自然と精神との有機的連關の事實のみをたしかめるために、世界の事物が相互の間で、また思想といかに連關するかの問題は顧みないことにする。世界連關の事實は訓練されていない偏見に矛盾するものである。この偏見は、地球があり、その上に樹木があり、それらの上に雲と太陽があり、すなわちすべてのものは分離した對象である、という考えを持っている。しかし、一者は他者と連關し、地球、樹木、雲及び太陽は連關においてのみ、すなわち世界連關全體においてのみ、かかるものでありうるというためには、既に訓練された考え方を必要とし、そのことを一般に延長して認識するためには、論理學の訓練を必要とする。私は或るドイツの教科書で讀んだ一つの「フィヒテ」の論文のことを思い出す。その論文は、若し我々が一つの目立たない對象を思想の中で混亂させるならば、それが世界史全體の混亂を呼び起す有樣を、極めて明瞭に述べている。周知のように、國民經濟學に對して無理解な人は、商賣人がその商賣を別々に自分たちだけでするだけではなく、同時に彼等は皆社會的連關の一員でもあること、を見落す。また彼は、すべての勞働は個人的活動の外に、勞働全體の有機的な一部分でもあることを見損う。そして丁度、經濟的無理解が經濟的連關を見落すように、論理的無理解は世界連關を見落す。

ここに一つの水滴があるとする。この水滴が種々のものと連關することによって、いかに種々の形をとるかを見るがいい。この水滴は或る溫度なしでは、その現にある形でありえない。溫度の變化に應じて、それは氷の形をとり、或は蒸氣の形をとる。脂肪の中ではそれは緻密になり、鹽の中では無限に分散し、普通の場合には下り、棒砂糖〔圓錐形の砂糖の塊〕においては上る。それが接觸する流動體の特殊の重さに應じて、水滴は上ったり沈んだりする。地球、その溫度及び重力との連關がなければ、水滴は底無き淵に沈み、存在することが出來ない。このように、事物の形態はその連關によって變るものであって、全存在の部分としてのみその現に在る形をとるものである。

水滴について言えることは、すべての事物、すべての力及び物質について、また我々の思想についても言える。人間の精神は、それと異る物質的世界と連關してのみ生きて働く——そしてすべての存在の有機的統一の承認が私の論理學の軸點を成している。

古い形而上學的論理學はその客體によって魅了されていたので、自分が普通の、世俗的な事物から由來するということ、またそれらの事物との近似性及び連關は、選り抜きの精神にとっては餘りに月並であると思われた。形而上學的論理學は度外れのものであったので、その選び出された客體もまた度外れた世界と結合しなければならなかった。そして形而上學的論理學は、神の息からの最初の魂の創造の物語りを譬喩と見る程度には十分科學的ではあったが、しかし知性は法外な性質を持つという偏見にとらわれていたので、數千年もの間、度外れの原因を明かにする源泉を知性の中に見出す望みを棄てなかった。ところが形式論理學は、このような空想的世界への展望を全く棄ててしまう。しかし形式論理學は精神と通常の世界との間の自然的連關をも見損い、思惟の機關を孤立させ、それが自然的連關または超自然的連關を持つのか、或は連關を持たないのかの問題を決めずに置こうとする。形式論理學は、論理學が現實的であるように、現實が論理的であることを見損っており、信仰の小徑を通って天上の無論理に達する裏口が、科學の物笑いをかっていることに氣がつかない。

思想・知性は具體的に存在し、實際に存在する。そしてその存在は全存在の一部分として世界全體と同種類のものとして連關している。――これが思慮のある論理學の主要點である。

思想は世界の他の部分と同じ世界質料によって作られており、思想は通常の自然の一片であって、度外れた本質（Essenz）ではないという事實は、既にデカルトが「我考う、故に我在り」（Cogito ergo sum.）という有名な言葉で云い現している。

私の思惟が私の存在を證明する、とこの哲學者は云っている。眞理及び誤謬に關する明白な確實性に到達するために、彼は疑いをもって、すべてに對する一般的な疑いをもってはじめる。そして彼は、自分の思想の存在を疑うことは出來なかった、と云っている。それによって彼は精神を具體的存在という足の上に立て、精神をその度外れから解放したのであって、これが彼の不滅の效績である。

しかし、デカルトだけでなく、お前自身の經驗もまた思惟と存在との分ちえない連關を確かに證明するだろう。お前の思想は何時でもまた何處でも世界の或は現實の內容と結合してはいなかったか。お前が思想だけを分離して考えてみようとするならば、お前はその思想を經驗することによってのみそれが出來る。そしてその思想は事實いつでも或る現世的な內容と結合していた。――恐らくお前は旣にギリシアの神々、小魔や人魚について考えたことがあるだろう。しかし、繪畫のディレッタントとしてのお前には、空想と稱せられる精神の部分がどんなものであるかがよくわかっているから、この奔放な部分さえ現に存在し、從って現實界に屬するだけでなく、すべてのその產物と同じようにその部分も現實界と混和しているということ、そして空想的な唐草模樣や畸形も必ず實在するものの似姿であること、をお前は認めるだろう。

しかし、私が、思想は存在を持ち、思想は存在全體の同種類の一部分であることを、色々と確めるために、そのような厄介な言葉を使うのはどういう譯であろうか。答えは、昔から論理學の問題に關する混亂は大きく、人々は人間の精神を一氣呵成に天上のものにしてしまい、同時に純粹の思想を無として、現實的でないもの、眞でないものとして認めようとするからである。このことをヨリ容易に理解するために私は次のことを思い起す。すなわち、人々は普通に、現に存在するものと考えられただけのものとを鋭く區別し、そして宛も、全く頭の中だけで活動するところの考えられただけのものは何等の存在、何等の現實性を持たないかの如くに、この區別を極端に考えるということを。

お前が世界の連關について理解しうるためには、私はこの度外れのやり方について警告し、知性の眞の存在は、全體或は現實界と連關するところのものである、という證明をしなければならない。植物を研究對象にする植物學は、植物を綱、目及び科に分類することを我々に敎えるだけでなく、更に進んで、自然界全體において植物界はどんな位置を占めているか、植物は無機物の鑛物の綱から、有機物の動物の綱からどのようにして區別されるかを我々に示す。そのように形式論理學は精神を多くの部分に分析するだろう――そこには表象・概念・判斷・推理等がある、區分を更に細い區分に分け、表象をいくつかの種類に分け、概念を具體的と抽象的とに分け、いくつかの判斷を非常に多樣に且つ明細にして、三つ、四つ或はもっと多くの推理の形式で現す――しかし精神全體は世界とどう關係するか、精神は存在全體とどう連關するか、精神は存在の一部分であるのか、或は精神は度外れから生ずるという由來を持っているのか――これらのことを形式論理學は說明しようとはしない、ところが正にこのことが最も興味のある部分であり、知性と知性に關する敎義とを他のすべての敎義及び事物と論理的に連關させるところの部分である。

論理學は區別を、すなわち金を亜鉛から、浮薄な人々を暴民から區別することを敎えるべきではない。そのことを考えるには他の學科がある。論理學は區別の能力に關して、一般にどの學科も必要とするもの、すなわち眞理と誤謬、空想と實在とを識別する所以のものを我々に敎えるべきである。この目的のために、誤謬及び空想もまた一つの、無限に或は絶對的に連關している現實界に屬することを見逃さないように、私がお前に說くことを論理學は必要ならしめる。眞に空想的な現實を實在的な現實、現實的な眞實から區別するためには、黑パンとクリームパンとが「燒いたパン」という範疇に共に屬するという一つの點において連關するように、空想と眞理、思想と現實も一つの自然の二種の質料であることを確認しなければならない。

この手紙の最後の概觀として次のように考えていいだろう。すなわち、初めには、知性が民衆の發展と連關することを指摘したが、終りにはその問題を越えて、精神と存在全體との連關をたしかめるということになった。

第五の手紙

論理的に訓練されていない人にとって概念を混亂させるものは、一元論的考え方の缺如である。ここで一元論的と云うのは、體系的、論理的或は統一的と同じ意味である。

若し人がクリームパンを美食と稱し、黑パンを食料と名づけ、しかも食料は何れも美食であり、美食も何れも食料であることを考えず、そしてこの兩者は差異はあるが同種類の範疇に屬し、從って連關していることを知らないならば――その時には論理學が缺けている。そして世界のすべての部分、質料、力或は性質、材木の切れっ端も例外なしに、無制限のもの、無限のもの、唯一の眞理及び現實の制限された斷片であることが理解されないところでは、何處でも論理學が缺けている。

昆蟲、魚、鳥及び哺乳動物が一つの動物界を形造ることは、既に論理的本能によってつぎ合せられた古いジャケツである。ダーウィンは自然科學を豐富にしただけでなく、論理學に對しても比類のない貢獻をした。彼は、水陸兩棲動物からいかに進化して鳥類が生じたかを指摘することによって、從來固定していた分類に穴をあけた。彼は動物學の泥沼へ流動、生命、精神をもたらした。

お前がダーウィンの業績を知らないので私の指示がお前を滿足させないというのであれば、私は尙この問題に入って二三の說明を加えよう。動物學はすべての種類の動物が一緒に動物界に屬していることは既に前から知っていた。しかし動物學にとってそのような秩序は寧ろ機械的な事柄であった。

『種の起源』は、動物學の分類は固定したものではなくて全く變るものであることを指摘し、動物の一つの種から他の種への移行を具體的に明かにし、同時に、すべての種を一つの動物界へ總括することは單に論理的な機械的な仕事ではなく、生きている存在の事實であることを明かにした。最小から最大に至る動物を一つの動物界へ總括することはダーウィン以前には、思想のみが作り上げる秩序、思想の秩序として現れたが、今や自然の秩序であることが明示された。

動物學者が動物界に對してなしとげたことを、論理學者は存在一般に對して、無限の宇宙に對してしなければならない。論理學者は、世界全體が、すべての形態の存在が、精神をも含めて、論理的に或は同種的に結合しており、近親であり、血統を同じくしていることを指摘しなければならない。

或る融通の利かない唯物論は、思惟と腦髓との連關を確かめれば、それで萬事は終ったと信じている。

解剖刀、顯微鏡及び實驗をもって尙多くのことが發見されるだろう。しかしそのことは論理的活動を餘計のものにするものではない。たしかに思想は腦髓と連關する。それは、腦髓が血液と、血液が酸素等と密接に連關するように密接である。しかも、思想が一般にすべての存在とも密接に連關するのは、物理學全體が互に連關し合っているのと同じである。

林檎が樹の枝と關係するだけでなく、日光や雨とも關係するということ、諸〻の事物は一面的にではなく、全面的に結合しているということ、このことを論理學は特に精神・思想についてお前に教えなければならない。

若し一人のアフリカ旅行者が新しく發見された動物の種について報告するならば、彼は特にその種の存在についてだけ語るべきではないだろう。それは自明のことだから。そして若し彼が尙そのような變則な（abnorm）存在について語るならば、我々は、そのような變則の下に、すべての存在の一般的法則（Norm）を越えないところの漸次的な偏向が考えられているにすぎないことを知るだろう——しかし人間の知性というものは、アフリカ內部の最も不思議な動物の種よりも一層大きい新事實である。

お前は私の聰明なイギリス人の友人を知っているだろう。私が彼に、私は人間の精神に關する論文を書いていると、知らせた時、彼は、どうかそんな問題で頭を痛めないように、それは誰も知らない事柄だから、と云って來た。そしてお前も同じようによく知っている博識のヒンツェが、宗教的信仰の不可避とすべての科學の不手際とを證明しようとした時、彼はいつでも「意識とは何であるか」という感情的な問を提出した。そして彼は、それは不可解のことであるというような顔をした。そこで私は、論理學の教授達はそのことについて何も知らない、と主張しようとは思わない。しかし、靑い空と綠の樹木との存在が我々の知性の存在と共に同一事物の種々の斷片にすぎないことは、多くの學者をも含めての大多數の人達には全く知られていない。

それ故知性については、知性が現に存在し、すべての他の事物と同じ存在を持つということが特に指摘されねばならない。というのはこのことは、精神を高次の種類の存在と考える人々からも、また思想其物にではなく、眞の思想內容にのみ眞の存在への要求を承認する人々からも反駁され誤解されているから。實際この問題は不明瞭であるから、眞に現實的な種類と、他の現實的ではあるが眞でない種類と、二種の思想內容があるのではないか、とお前には未だ疑わしいだろうと私は信じている。

二千年來論理學は、思想は、現實の內容と接觸しなければならないところの形式である、という命題を口にして來た。眞の思想は「現實と一致」すべきである。ところが、この小さい命題は條理のある意味を持っているが、その意味は誤った意味に解されている。その際次のような論理學の軸點が看過されている。すなわち、各〻の思想は實在的な内容を持つべきであるだけではなく、眞の思想或は認識を眞でない思想或は認識から區別しうるためには、思惟は、最も奇妙な妄想及び誤謬を含める場合でも、何時何處でも現實及び眞理の一片であるということが見損われてはならないということである。

丁度家猫と豹とが異ってはいるが、しかし同時に同じ猫族に屬するように、眞の思想と眞でない思想とは凡ゆる差異にも拘らず、一つの眞という種類に屬している。すなわち眞理は偉大であって、絶對的にすべてを包括する。眞理、現實、世界、全一、無限者及び絶對者は同じ意義の表現である。眞理の明瞭な概念は論理學の理解にとって缺くべからざるものである。そこで私が、論理學の精髓、すなわち論理學の軸點、主要點、跳躍點及び分岐點を、世界と結合している精神におこうとも、或は統一的な世界概念、眞理概念或は現實概念におこうとも、これらは結局同じ事柄を種々の言葉で表現したものにすぎない。私はここで非常に有名なレッシング(2)の次のような言葉を引用するより以上に明瞭に眞理の觀念を説明することは出來ない。すなわち、若し愛する神がその右手に眞理を持ち、左手に永遠に生々とした眞理への衝動を持って示し給うならば、私はへりくだって神の左手の方に伏し、主よ、我に衝動を與え給え、眞理そのものは主獨りのみのものなれば、と云うであろう。この云い方はいささか誇大で神祕的であり、レッシングも恐らく未だ神祕的考え方にいささかとらえられていたであろう。それにも拘らずこれらの言葉の中には、全く明瞭であり且つ適切な、眞摯な意味が存在している。

「眞理そのもの」は全一、無限者、無盡藏のものである。その各部分は制限されないものの制限された部分であり、從って同時に制限されており且つ制限されておらず、有限であり且つ無限である。各部分は、全體と分離せずに連關しているところの分離した部分である。そのような部分の一つがまた人間精神である。

存在全體或は眞理が人間精神の對象であり、無盡藏の對象である。人間精神が論理學において自己自身を對象にする時には、生徒は先ず、ここでは主觀も客觀も他の事物と同じように事物であり、すなわち眞理の一片、自然的存在の一部であることを學ばねばならない。

「眞理そのもの」は全部が人間の頭腦に入るものではなく、恐らく斷片的に入るだけであろう。だから本來我々が持っているものは永遠に生々とした眞理への衝動だけである。それ故概念或は認識は決して現實と一致するものではなく、いつでもその一片であるにすぎない。

ここで少し云っておきたいことがあるが、それは論理學の高さに立って云うのでなく、通俗的の考えから云っているように見えるだろう。若しお前が、教會の塔でも指套でもいいが、或る實在的な客體を思想の中で表象するならば、それは表象においてと現實においてと二重に存在している。これに反し、空想的な形象は唯一の單純な、空想的存在のみを持っている。このような通俗的な考え方は確かに正しい。ただし正しくないのは、すべての種類の存在が家猫と豹とのように、正しく一つの種類のものであるということ、從って頭の中の存在は、それがすべての多様性にも拘らず同一の存在である時にのみ、頭の外で、天上で、地上でそしてすべての場所において論理的意味を持つということが一般的に見損われるときである。すべての存在の普遍的性質を持たないような存在は、正に非論理的な、無意味な存在であると云えるだろう。

私が、表象における教會の塔と現實における教會の塔とは二つの教會の塔ではなく、思想と現實とは同じ存在の二つの形態である、と主張するならば、お前は段々私を理解して來るだろうと思う。

古い論理學は、思想は現實と一致すべきである、という規則をメダルに刻印した。我々は今裏面に次のように書く。一、思想はそれ自身現實の一片である。そして、二、思想の外の現實は餘りに嵩張っており、その最小の一片をもってすら內へ入る事は出來ない。さて、古い規則は我々に何の役に立つだろうか。特に、それは、一體どうして求められる一致を獲得し、認識しそして計量するかについて全く何も敎えないから。

愛するオイゲン、私がこんなことを云ったので、お前の頭が明瞭になる代りに混亂したと云うのであれば、論理學が明かにすべきことは初めは不明瞭であるのが當然である、と云うことを考えて我慢するがいいだろう。私がお前に先に述べた通俗的な云い方に對する疑いだけでも起させ、そして思想と現實との一致という尤もらしい概念がいかに混亂した不十分のものであるかということをお前に確信させたとするならば、私は既にそれだけで十分有效であったと信じている。たしかに、模寫のように、思想もまたその客體と一致すべきである。しかし、特にこのように敎え込んでも、それが畫家の仕事にとって何の役に立つだろうか。

お前はいつか、原物と少しも一致しないところの肖像或は模寫を見たことがあるだろうか。そんなものは、その對象と完全に似ている肖像と同じように、お前には思い出せないだろうと私は確信する。ここでは多いか少いかの程度だけが問題であるということを知るためには、お前は十分經驗を積んでいる。すべての同一性、近似性及び一致の相對的本質について眞面目に考えることを、私は特にお前にすすめたい。世の中の大部分の人達はこの點に關しては恐ろしく無考えである。二つの水滴或は二人の雙生兒が男と女、黒人と白人とくらべて、ヨリ似ているか似ていないかは多少の程度の差であること、すべての存在は異ると共に一致していること、は論理的に訓練されていない頭には中々入りにくい。

思想家と畫家とは同じような關係にある。すなわち兩者共に現實及び眞理の模寫を求める。繪畫におけると同じように、認識においても適切な像と間違った像とがある。そこで眞の思想と眞でない思想とを區別することが出來る。しかしお前は、間違った像もそれにも拘らず似ている點があり、似ている像もその客體との完全な一致とは遙かに遠いことをも知らなければならない。

現實、眞理、自然全體は說敎壇の上に立って說明する。「余は主であり、汝の神である。汝は像を刻んでそれを崇拜してはならない。」だからお前は眞理について、眞理は思想家或は畫家によって、非常に適切ではあるにせよ、一つの像の中へ押込められる、とお前が信ずるよりも、ずっと高いものであると考えるべきである。

さて最後に、人間の知性が現實の眞理及び眞の現實の一片として認められるならば、同時に斷片的でない眞理すなわちすべての存在の總計は、すべての存在を包括する絶對的眞理であることが明かになる。とすれば、眞の思想と誤った思想、良い人間と惡い人間、天國と地獄、及びすべての他の事物は――或る種の道具或は或る型の爆彈も――すべてを包括する存在の斷片としてのみ存在するということになる。

第六の手紙

私の愛する息子。第三の手紙が、論理學という主題がいかにして或る種の宗敎的微光を帶びるかについて語った後、それに續く二通の手紙は、論理的主體は世界の存在全體と連關していること、思惟能力は現實の眞理の不可分の部分であることを述べようとした。宗敎的合言葉に從えば、私の最後の二通の使書は人間精神を生きている眞の神の部分として敍述したものであった。キリスト教は次のように敎える。神は精神であり、神を崇拜しようと思う者は、神を精神と眞理において崇拜しなければならない、と。

そして我々の論理學は敎える。精神は存在全體の一片であり、精神を神として崇拜する者は偶像崇拜者である。彼は一片を崇拜し、眞理全體を見損っているから。眞理そのものは存在全體と、すなわち世界と同一であり、すべての事物はその形態、現象、述語、屬性或は移り變る姿にすぎない。存在全體こそ神的と呼んでいいだろう、というのは、それはすべての事物を特殊の眞理として包括するところの無限者であり、アルファにしてオメガであるから。その時には知性は神的眞理――强調なしにそのまま世界と名づけられる――の中にそのように包括される一片である。いかなる科學も、職業も、また手工業も、その對象について全く確實にこれと同じ事を云うことが出來る。青い空と綠の樹木は神的な斷片である。すべてはお互に連關し合っている。そこで、若し天地の對立より以上に何等の分割も生じないとするならば、すべてのそれ以上の區分と割目の間からは恐るべき條蟲が出てくるだろう〔全く無價値のものになってしまうだろう〕。

しかし、論理學は人間の頭腦の普遍的解明を志すものであるから、すべての眞理の總計がその專門である。とすれば、この目的のためには、その他の知識の堆積よりも眞理の普遍的認識の方が役に立つ。

精神を技術的思惟のために解明しようとする論理學は、眞の概念よりも、普遍的對象すなわち無限の存在全體と最も密接に結合しているところの一般的絕對的眞理概念を取扱う。

お前が技術的に正しく考えることを學ぼうとするならば、お前は先ず明瞭な概念を得ようとするだろう。そして日常の事物に關してお前の頭腦が明瞭であったにしたところで、一般的明晰からは遙かに遠い。またこのような明晰さというものはその他の專門的知識を集めても得られるものではない。というのはお前がお前の生涯の終りまで、智慧を增大させても、智慧の泉は、宇宙は、無盡藏であって、頭腦は依然として或る程度缺陷があり不明瞭である。のみならず、世界の最小の部分も無盡藏であるから、最も天才的な人も最も微細な對象に潛んでいる知識を把えることは出來ない。人は最大の顯微鏡をもってしても小さい水滴を究極まで見ることが出來ず、最も賢い人間も靴屋の仕事を學び盡すことさえ出來ない。

そこからお前は、專門的知識が增えても我々の知性の技術的に正しい使用は當該の細目において促進されるだけであるのを知るだろう。だから、或る論理學者が、知性の中にどれだけの概念、判斷及び推理が存在しているかを我々に教えても、それで十分ではない。それは論理學的な專門的知識である。しかし、論理學を學ぶ人にとって先ず必要なのは、眞なる諸概念を集めることではなく、むしろ眞理の普遍的概念を明かにすることである。

專門的知識は知性を明かにする。しかし、すべての專門が、眞理そのものであるところの一者(Monas)或は統一において連關するという認識は、我々に或る普遍的解明を與えるだろう。その普遍的解明は、たしかに專門研究が代りえないものであり、恐らくすべての研究の基礎となるものであろう——従って基礎的解明と名づけられることが出來る。

ついでに注意して置こう。論理的科學の理解を特に困難にしている所以のものは、問題は絶えず我々を最も廣い領域へ連れて行くのに、訓練されていない人は言葉や概念を極く手近な通俗的な意味で捉えるというところにある。

私が世界の部分という時、お前はいきなり地理的な部分を考えてはならない。お前は更に進んで、星と煉瓦、力と質料、世界のすべての小部分も世界の部分である、という考えをはっきりつかまなければならない。

論理的な困難の大部分は最も包括的な範疇との交りの缺如にある。お前は、思惟と存在、現象と思惟等々は最も廣い概念であることを明かに知らなければならない。眞なる諸概念と眞理の概念とを區別することは、お前にはむつかしいかも知れない。しかしこのことは、一般的な草という種類が、その中に含まれている多くの草から分けられるのと全く同じである。眞理、存在、全一のような最も廣い概念との交りが既に、知的明晰のための主要な訓練である。

恐らくお前は、概念能力を對象とする科學が、そこから離れて、存在或は眞理のような他の事物を導き入れることを不審に思うだろう。しかし、思惟能力の分析に制限される論理學は、思惟能力を生きた活動として敍述する論理學にくらべて、制限された論理學であろう。若し眼科學が眼の種々の部分のみを取扱って、眼の作用及びそれと連關する外の事物、光と對象、要するに眼が見るということを度外視しようとするならば、その眼科學は眼科學というよりも眼の解剖學であろう。とにかく、眼を生きた活動として敍述し、主觀的な視覺能力だけでなく、それから分ちえない客觀的視覺能力をも敍述する學問は、人間の頭腦のヨリ包括的な學說、ヨリ高い解明たりうるであろう。

私の考えによれば、論理學で問題にすることは、知的主體の分析よりも、むしろ思惟能力の目的と客體、すなわち、知性自體によってではなく、知性と眞理の世界との結合によって、存在全體との連關によって得られるところの、思惟能力の養成である。

思想を分析的と綜合的とに分類し、歸納的及び演繹的認識やその他十種類もの認識について語り、しかも、思想と認識とはどのように眞理に關係するか、神的なものは何者でありまた何處にいるか、及び我々はどうしてそこに到達するか、という問を却ける論理學は何の役に立つだろうか。典型的な懷疑論者であるピラトス(三)は肩をすくめ、頭をかしげていぶかる。牧師はそこから不可解な祕密をとり出す。自然科學は眞なる諸概念を問題にするが、眞理の概念を問題にはしない。そこで特殊の概念科學であるところの形式論理學が入って來て、その問題を哲學或は世界智の方へ追い遣ろうとする。

旣に哲學上の著作の表題が、世界智全體が、我々の頭腦はどのようにして解明されるか、それはどのようにして眞理に近づきうるか、の問題を廻って旋囘していること、を示していることについて、私は先に注意を與えておいた。

自然科學者は專門的知識によってそれに答え、普遍的眞理を總括的に對象とする哲學的硏究に對して屢〻反感を抱き、哲學を一段と見下している。このことがいかに間違っているかは、例えば一つの機械或は有機體の全體はその部分の集合とは異ったものであることを考えたならば、お前によくわかるだろう。

お前がその各部分のそれぞれを精確に知っているにしても、だからと云ってお前が當の機械或は有機體を知っているとは到底云えない。世界全體は無機的な斷片の堆積ではなく、生きている過程であり、この過程はその諸部分においてのみでなく、全體としても認識されなければならない。銀河の星から、すなわち星から、その上で植物、動物及び理性的存在が發展するところの地球に似た天體が生ずるかどうかの問題は當分未決であり、今後研究されるだろう、――一般に一つのいいい發展は前進し、自然全體は進行し、世界は、有限の斷片から成るところの終りのない全體であることは明瞭である。事物の往來、永遠の變化は常に自己自身に同一であり、世界は常に同一に止る。ところで、我々の眼と耳がなければ、眼と耳を使う我々の知性がなければ、全體は何物であろうか。世界「自體」が何であるかについて思辨することは、全く無意味な、度外れの思辨であろう。

論理學は、我々及び我々の思想と分ち難く結合している事實の世界のみを問題とすべきである。我々が耳で聞き、眼で見、そして鼻で嗅ぐ世界、その中で我々が生きて息をしている世界が眞理の世界、或は眞の世界である。これが事實である。私は尙それを證明しなければならないだろうか。一體事實はどうして證明されるだろうか、桃は高價な果物であることがどうして證明されるだろうか。人はそこへ行って、桃を食べてみればいい。お前はそのようにそこへ行き、勿論合理的なやり方でだが、生活を樂しめばいい。そしてお前自身の生活の樂しみが、世界は眞理であり、眞の世界である、という證明がなされた、とお前に云うだろう。

しかし、この眞の世界の中にも全く歪んだものが、歪んだ論理學を持った人種が潛んでいる。この人種は不機嫌な、憂鬱病の動機から迷わされ、この世界の高價な眞理を誹謗し、度外れにも眞理を「超越的に」(transzendent)、すなわち同じ穴の貉であるところの哲學的形而上學或は宗教的妄想の中に求めようとする。世界の眞理から空しい假像と苦しい憂き世とを作り上げるところの歪んだ人間嫌いの人達に對して、我々は恐らく尙、この生きている世界が眞のそして唯一の世界であることを、論理的に證明しなければならないだろう。

ところで、それはむつかしくはない。しかしその場合我々は誤った循環に陷り易く、蛇が自分の尾を咬むようなことになる。我々が未だ論理學的眞理と眞の論理學とについて理解していなくても、世界と眞理とが事物であることを、私は論理的に證明しなければならない。しかも、自然は我々を助ける。自然的論理學は眞の論理學であり、それによって我々は我々を全くよく理解することが出來る。事體はそれ以上に何處かで訓練された頭腦を前提とはしない。

お前の前で二人の人が眞理について爭っているとする。一人は、それはそうだ (es ist so)、と云い、他の人は、そうなのはそれだ (so ist es)、と云う。このように人は、何であるか (das was ist)、について論爭している。この ist という單語は、sein (存在する) という動詞の一つの形態である。ところで、霧の中の姿が煉瓦であるか彗星であるか、男であるか女であるかが爭われている時、人々はいつでも實は存在の形態について爭っているにすぎない。すべての爭いにとって問題となるのは存在の形態であって、これに反し存在そのものはいつでも爭う餘地のない眞理である。

それでも尙私は、すべての存在は一つの範疇に屬する、ということを證明すべきだろうか。石の範疇に屬さない石が、或は鐵製の木があるだろうか。そのような事が云いうるならば、理性と言語とは何處に支點を求めるべきだろうか。しかも、尙多くの空想が存在している。

今まで私はお前に、世界全體が眞理である、と確信させて來たが、その限りにおいて今特に、一體、空想、誤謬及び非眞理は何處に存在の場所を見出すか、という問題が殘る。すべてが眞理であるならば、いかにもすべてのものが眞であって、誤謬及び非眞理が眞理或は世界の中で存在の場所を見出しうるというのは全く矛盾であるように見える。このことについては次の手紙で述べよう。唯私は、全く矛盾なしに雜草 (Unkraut) も草 (Kraut) に屬するということを一寸指摘しておこう。

最後に私は、眞理に關するこの學說はいかにすぐれたプロレタリア的性格を持っているかについて注意しておこう。この學說は、民衆が凡ゆる坊主主義と神祕主義とから決定的に緣を切り、神的眞理が住んでいる所の同じ世界の中で、その福祉を求める論理的權利を民衆に與えるものである。

第七の手紙

言語學者は言語 (Sprache) についての科學と諸〻の國語 (Sprachen) についての科學とを嚴密に區別する。前者がすべての言語に共通なもの、言語そのものを取扱うのに對し、後者はエジプト語、アッシリア語、ヘブライ語、ギリシア語、ラテン語、英語、フランス語等を教える。

哲學的論理學は他の諸科學に對してこれと同じ關係にある。論理學が眞理一般を取扱うのに對し、諸科學は諸〻の眞理に關して我々に敎える。若し物分りの良すぎる人達がいて、眞理は諸〻の眞理の集合名詞にすぎない、と云うならば、それは樹だけを見て森を見ない人達のことである。ヘルダー（四）、ウィルヘルム・フォン・フンボルト（五）、マクス・ミュラー（六）、シュタインタール（七）等々、言語學のすべての權威達は、いくつもの國語に關する學者達が夢想もしない多くのことを、言語學について語ることが出來る。

言語學は多くの有用な事柄の外に、論理學の助けがなければ解決しえないだろうと思われる困難な問題をも取扱う。言語學は、囀ること、喋ること及び鳴くことが終って、意味のある言語が始まる區別點を求める。人間の話であっても、屢〻無意味であるという正しい非難は甘受しなければならないことがある。しかしどんな話でも何等かの意味を持ってはいるであろうし、動物と雖も全く無意味に叫ぶということはない。雀はお互に喋ることが出來、雄鷄はその仲間を呼び集め、そして犬は、見知らぬ人がその場所へ足を踏み入れると、はっきりそれを云うことが出來る。冗談を言う人だけでなく、いな、眞面目な研究家が動物の言語について、符號の言語について語り、人は言葉をもってだけでなく、不明瞭な音やしぐさをもっても語る、と確言している。詩人は嵐や雷や風にさえも言葉を喋らせる。人々はこのような紛糾によって賢くなり、言語とは何であり言語は何處ではじまるかを正確に知るに至る。言語〔諸〻の國語〕はバビロニアの塔（八）にはじまったと云われている。しかし言語に近づくためには、人々は事物のはじまりを神にか或は論理學にか求めなければならなかった。

ところでお前も知っているように、牝鶏と玉子と何れが先に生れたか、という難問がある。しかし、それはほんのつまらないことであって、この問題だけでは頓智が見られるが、眞面目に問題にすべきものではない。はじめと終りに關する問題は、すぐれて論理的な問題であって、その疑えない明瞭な答は、言語に光を與えるだけでなく、人間の頭腦に一般的な光をもたらすものである。

それ故我々は「言語の起源」の問題をなお少し考えてみよう。昔の人がこのテーマを取扱った時には、人々は、神が言語を賜ったか或はある天才が發明したかに違いないと考えた。人々は時間的なはじめを考えていた。近代の人達は思辨によってもっと深い意味を考えた。彼等は、言語は固定した完成されたものではなく、流動的なものであって、素朴なはじめから高いところへ飛び上った、と考えた。我々が前方に言語の完成した終りを見えないように、後方に言語がはじまった點は見出されない。それで人々はもはや時間的な起源を求めず、概念的な起源を求める。(シュタインタールを見よ。)人々ははっきりしたしるしを持ち、その範圍内では言語に似たものも、どら聲、叫び、響きにすぎないと云いうるだろう。そしてここで、「かたこと」と云う名前に値するはっきりした發音がはじまる。

ところが、事柄を混亂させるもう一つの契機がある。それは、發音や單語だけでなく、連關した命題が言語である、ということである。言語には意味と悟性が必要であるということになる。

それは話し手にとっても聞き手にとっても必要である。言語は悟性を前提とする。——そしてまた知性も固定したものではなく、流動する生成であり、言語と共に、言語から、言語によって發展するものである。それで、一方においては、精神が言語を產み出すかに見え、他方においては、逆に言語が精神・悟性を產み出すかに見える。一體はじめと終りは何處にあるのだろうか、いかに連關が秩序づけられるのであろうか。

我々はここで言語ではなく精神を研究しているのであるから、問題の性質上、單語だけでなく、發音、響き及びしぐさ、のみならずすべての事物が意味を持ち、言語を語るとみなしていい。我が我々の精神をたずさえて行くところでは、我々は何處でも精神を見出す。言語だけでなく、世界が精神と、思想と連關する。ところで、言語の連關は、世界の思想連關を示し且つ頭腦を明晰にするためには、全く適當な事例を提供する。

言語は、我々の思慮ある世紀において、自ら天上に舞い上りはしないが、しかし普通の事物の連關から浮き上り天のように高く上った、という名譽を精神と共に有する。それで、先に精神について確かめたと同じように、言語は存在し、一般的な無限な存在に關與していることを、言語について確かめることが必要である。今や私は、全一 (das All) を名づけるには一つの名前で十分である、という事實によって、すべての存在の統一が疑いもなく明瞭に證明されていることを、お前に生々と示すことが出來よう。勿論言語はこの世界の統一のために非常に多くの名前を使っている。しかし、それは贅澤というものである。全一のために何等か一つの名前を持つことは、必然的、論理的であり、すなわち悟性にとって必然的である。というのは、正にすべてのものが無限に多様であるのみでなく、また無限に一つであり或は一者であるから。

たしかに種々の水が存在する。しかし同じように確かにすべての水は普遍的な水という性質を持っている。その性質を持たないものは水ではなく、水という名前を稱することは許されない。それと同じように多くの種類の油、例えば、橄欖油、石油、菜種油等があり、その各種の油は又その亜種を持っている。しかし、一つの名前を持っているものは統一である。

ここで私は、事物の名前は、水上に石が落ちた場合と丁度同じように、環を形造るということを注意しておきたい。水という名前と同じように、油という名前も環を持っている。次に、流動性という名前は更に廣い環を描き、その中には水も油も含まれる。その次の名前は物質であって、環は更に廣くなり、乾いたものも流動體のものをも含む。最後に、存在或は全一が、精神と物質、すべての力と質料を、天國と地獄をも含めて、一つの環の中へ、一者の中へ包括する。

このような普遍的統一から、高いものと低いもの、流動體のものと乾いたもの、要するに世界全體が一つの質料から成立っていることが明かになるが、この統一を根據にして空想家は、動物の言語と人間の言語とは同一である、若しそうでなければ兩者を言語と名づけることは出來ないから、という證明をすることが出來る。空想家が、語ることは響くから響きであり、言語と響きは同一である、と主張するのも正しいことになる。言語は響き、響きは語る。そうなれば、言語ははじめも終りもなく、言語は結局すべての事物と同一であり、すべての事物は言語と同一であるということになる。このようにして、宇宙全體は說明出來ない、理解出來ない、言い現しえない言語の粥のようなものになってしまう。

しかしそれは一つの「古いジャケッ」であって、人間が事物を擴大すれば、彼の洞察も擴大され、人が限りなく事物を踏み越えると、事物の限界は一層明確に暴露される。言語は全一に對して一つの名前を必要とするであろうが、しかし全一を特殊化するためには無限に多くの名前をも必要とする。言語が存在の單なる一部分であろうとする限り、この部分は制限されなければならない。そしてお前がその際、人間の自由が無限であることに全く特殊の注意を拂うならば、その部分の限界を定めなければならない。單語は單に空虛な單語ではなく、世界の部分に對する、宇宙の波の環に對する名前である。言語、というよりもむしろ言語と連關する精神が、無制限のものを言語によって制限しようとする。本能的な言語の使い方が多少そういうことをしているが、意識的な科學は精密な方法でそれを實行する。科學が溫度の領域で、寒い、暖いとは何であるかを定めるように、科學が音の領域で、言語という名前は何處ではじまり何處で終るかを定めることは自由である。だから言語については結局次のようなことになる。すなわち、普通の意味の馬の力にとっては既に適用することも、言語概念としての馬力にとっては未だ適用しない。言語概念は實際の使用によって或る程度きめられているが、十分に確定されてはいないということである。そこで歷史の敎訓は、世界の事物は、すなわち精神も言語も、はじめも終りもない流れの、お互に連關し、お互に流れ去る浪である、と說明する。

私はもう一度はっきりそして率直に云う。私の教える論理學と、論理學の對象である思想とは、世界の、すなわち無限の世界の諸部分であり、各部分は無限者の一片として無限の斷片でもある。各斷片は全體の無限の性質に關與している。だからお前は、私が私の無限のテーマを論じ盡そうとしている、と期待してはならない。私は問題を「一者及び多者」という論理的な一節に限る。

私はただ、存在の多様性全體が矛盾なしに一つの性質のものであり、この一つの性質が分れて多様の形態になるということを理解させたい。世界は連關し、この連關は分割されている。言語について、精神について、世界のすべての部分について認識されるべきことは、人間の頭腦の普遍的解明である。

私は繰返す。人は農業科學の知識がなくても馬鈴薯を收穫することが出來るように、論理學の講義は聞かなくても論理的に考えることは出來る。人は區別する能力を研究しなくても、寒暖計を發明することが出來、色や音やその他數多くの事物を精密に區別することが出來た。しかし、はじめと終り、言葉と意味、身體と靈魂、人間と動物、力と質料、眞理と誤謬等々の最も抽象的な區別は、その解明のために、我々の知性の連關に關する論理的解明を必要とするものである。

第八の手紙

愛するオイゲン。論理學は經濟學と同じような關係にある。資本主義時代の經濟學者達は、いかにして利益或は剰餘價値が増えるか、という手段と方法についてのみ語る。彼等は利益の相對的大きさ、その増加と減少とについてのみ語る。然るに事體そのもの、その發生と由來とについては語らない。利益は、人々の仕事に對してそれが產み出すより少く拂われることによって、勞働力から汲み出されるということ――このことについては〔資本主義を讃美する〕唄い手達は謙譲であって沈默を守っている。紳士達は「國民の富」についてのみ語り、國民の貧困については語らない。そしてそのことははじめは無邪氣であったが、しかし後には奸計になった。

形式論理學者達が傳統的な方法にのみ從って知性或は思想を孤立した事柄として取扱い、その對象と眞の世界すなわち經驗的世界との必然的連關を論理的學科から除外するとき、彼等も亦同じように無邪氣であり奸惡である。この連關は、眞理と誤謬、意味と無意味、神と偶像についての解明を與えることになるが、これは教授先生方には都合の悪いことである。それで人々はこの取扱いにくい問題を神祕的な方面に、形而上學と宗教とに押し遣り、それによってこの古い國家學の支柱はその奉仕を續ける。

私はまっ先に第一の手紙において、私のテーマの核心は形式論理學と私のいわゆるプロレタリア論理學との區別の問題にある、とお前に說明した。形式主義者達は、知性を「獨立の」(für sich)事柄として取扱う。これに反し私は最も複雑な曲り角にまで入って行き、知性は獨立のものではなく、すべてのもの及び全一と連關していることを明かにする。

ところがそれのパトロンは度外れの血筋を持っていて、或は音樂を、或は言語を、或は自分自身を、そして或は他の何等かの物神を連關から閉め出そうとする。ところで思想活動に關する科學、自己を內省する頭腦は、次のような經驗を、即ちすべての命題と反命題（Sätze und Gegensätze）、提言と抗論（Sprüche und Widersprüche）が一つの全能の世界自動機械に屬し、この自動機械はそれらを「止揚して自己の中に含み」、そして自らは本來眞理であり生命である、という經驗をすることを教える。人間の頭腦がこの自動的な八方世界的存在と同じ性質のものであり且つそれと連關している限りにおいて、論理學は直ちに宗教、形而上學及び哲學となる。

形式論理學は、我々の知性はすべての事物を分けるだけであって、まぜてはならない、と教える。形式論理學はそこに正しい點も持ってはいるが、しかし、區別されたもの及び區別することの意義を擴大することを、度外れの血筋に許すが故に、明晰な世界觀という目的を誤るものである。形式論理學は、事物は分離しているだけでなく又連關している、という事物の逆說的な或は辯證法的な性質を見損っている。世界の區分は——全く一般的に——形式的なことに過ぎないのを把握することは必要である。我々が、上と下、左と右、初めと終り、金と鉛、善と惡を分離することは正しいであろう。しかし我々はまた、多樣性は統一であり、變化するものは恒久であり、且つ恒久なものは變化することを學ばねばならない。形式論理學は正しくない名前を持っている。形式論理學は形式的ではなくて、度外れなのである。形式論理學は、矛盾する事物或は矛盾が存在する、すなわち結合も、橋渡しも、お互の共同性も持たないところの本質的な區別がある、という通俗的な先入主を持っている。形式論理學は、矛盾するものは存在しえない、と教えるが、しかも形式論理學は、結合することが出來ない矛盾が現實に存在する、という信仰を固持することによって、自己自身に矛盾している。形式論理學は、自己に矛盾するものは考えられず、眞ではない、と敎えるが、しかもそれによって、形式論理學は矛盾するものの形式に關し、眞の無矛盾性に關し、且つ普遍的眞理に關して間違った方向へ向っていることを證明している。金は鉛ではない――このことは十分に眞である。金を鉛と稱し或は鉛を金と稱する人は矛盾している。眞理の世界においては兩者は分れている。しかし、金も鉛も共通な性質すなわち金屬という性質を持っていない、という風に分れているのではない。金と鉛とは同一でない金屬であるが、しかし金屬という同一性を持っている。同一のものが異り、異ったものが同一であるということ、問題であるのは常に多いか少いか、すなわち形式的な差異だけであるということ、このことは「形式」論理學から無視されている。そして、また眞理を何等かの論理的な雛型或は物神の中に求め、分ち得ない世界の永遠の、偏在する存在の中に求めないところのすべての人達からも無視されている。

我々の論理學は眞理を扱い、最高の神と最低の悪魔を、言いうべくんば、すべてにおけるすべてのものを含むところの世界全體を取扱う。世界眞理の中には死も生存しているように、誤謬、假象、虛僞もその中に潜んでいる。すなわち、誤謬、假象、虛僞、死は、存在、眞理及び生命であるところの一つの事物に對する關係、すなわちすべての事物を包括するところの事物に對する關係においては、契機、形式的なもの、消え入るばかりの微少なもの、或は事物でないところの事物であるに過ぎない。

一つの生きている世界眞理の認識を特に困難にしているものは、その中に生存しているいわゆる矛盾である。例えば我々は、一つの事物が終るところで他の事物がはじまることを見出す。一者の終りは他者のはじめである。はじめは何れも同時に終りである。兩者は入りまじって存在しているが、はじめと終りとは概念的には分れている。我々ははじめと終りとを何處でも見出すが、何處にも見出さない。或は宇宙を見る場合をとれば、お前は限界を見ない、しかしお前の眼は或る距離に達するだけである。お前の視覺には限界はあるが、しかし限界を見極めることは出來ない。或は生命を考えてみれば、間もなく死は訪れる、しかしもっと精確に考えれば死も死ではない、すなわち「廢墟から新しい生命が花咲く。」世界は、死を知らない永遠の生命であることが明かになる。このように死が生存するということは矛盾である。しかしこの矛盾は解消される矛盾であり、次のような認識によって、すなわち、死と生命との間には、重要な區別ではあるが、しかし常に單に形式的な區別があり、この區別は、すべての區別と同じように、無限の宇宙の生命によって相對的な或は極微の區別に低下する、という認識によって解消される。

一つの廣く分枝している學派（Schule）――餘り訓練されていない人達（Ungeschulten）のためにこの名前が許されるならば――が存在し、この學派は我々の思想の秩序と我々の精神の解明とに關して忍耐を說敎し、そして不可思議な啓示にではないにしても、しかし自然科學に、すなわち我々に既に多くの事を敎え、且つ最後には「すべての知識の最後の問題」に光を行き亙らせるべき自然科學に望みをかけている。そこで私は容易に次のことをお前に確信させることが出來る。すなわち、北極探險で發見するだろうところの新しい土地、植物、動物及びエスキモー、或はエディソンが恐らく尙電氣の領域でするだろうところの發見、或は將來の天文學者達が太陽、月、及び彗星において得るであろうところの知識、これらは科學と生命とを豐富にするために非常に價値ある寄與をするであろうが、我々の知性の正しい一般的使用或は人間の頭腦の普遍的解明のためには比較的に寄與することが少いであろう、これに反し、矛盾とは何であるか、どんな意義があるか、に關する解明は、空想の最も遠い角にまで、天上及び永遠性にまで光を行き亙らせ、全體の存在、すべての事物の統一と區別を明かにするだろう。

矛盾の正しい意義に關する最も甚だしいそしてまた恐らく最も敎えるところの多い例は、眞理と非眞理との對立の中にある。この兩極は南極と北極とのように非常に遠くに離れているであろうが、しかしこの兩極は南極・北極と同じように密接に連關している。人々は普通の論理學からは、眞理と非眞理とに含まれている統一というような一見不合理な統一を示すことを殆んど期待することは出來ないだろう。それ故お前は、私がこの例を更に他の例によって、私のために晝と夜の對立によって、例示することを許してほしい。晝と夜とは對立である。晝の中には夜はあり得ない。しかも晝と夜とが二十四時間の一日であって、その中で晝も夜も仲よく一緒に住んでいる。眞理と非眞理との關係も丁度それと同じである。世界は眞理であり、誤謬、假象及び虛僞はその中に潛み、眞の世界の部分である。それは丁度、論理學を混亂させることなしに、夜も日の一部分であるのと同じである。我々は正しい方法で、撞着なしに、正しい假象と眞の虛僞とについて語ることが出來る。無智（Unverstand）も尙悟性（Verstand）を持っているように、非眞理も尙常に不可避的に眞理の中に存在している。眞理はすべてを包括する者、すなわち宇宙であるから。

「矛盾は存在することは出來ない。」しかし、矛盾に充ちたつむじ曲りは全く現實に存在する。柄も刃もない小刀、谷のない二つの山及び同じような無意味なことは慣用句の中に存在している。矛盾には、無意味の矛盾と意味深い矛盾と二種類ある。否、世界全體は無限にして無盡藏の矛盾であり、この矛盾は無數の意味深い命題と反命題とを止揚して自己の中に含み、これらの命題は決して消失はしないが、しかし時間と理性の助けによって調和の中に解消する。

そこで以上の結果として次のことが、すなわち、すべての人が口にしているところの、思想とその對象との一致、及び無矛盾性、という眞理の形式的な標準――このような眞理の標準は決して批判したり定義したりするものではなく、無邪氣と奸計とに陷るだけであることが明かになる。

豫言者ダニエルが神殿に灰を撒き、バール崇拜者が假面をはいで以來、他の偶像世話人が、盛られた食料を夜間に盜むために、民衆をそそのかして毎日供物をさせることを續けた。永遠の惡だくみと、繰返しその假面をはいだこととのために、我々の民衆は眞理への奉仕に對して鈍感となり、そのため大部分は浮薄にして無關心になっている。論理的な奸計――無邪氣については云わないことにする――は眞理からの輕薄な逃避における浮薄と無關心とを强めている。その奸計は講壇の上でも博士帽の下でも、研究の空虚と不足とを說敎する。それはそのことを敎義としてでなく、論理的知識として說教し、從って知性は眞理を捉え且つ證明しうるためには餘りに制限されているということを、知性をもって眞らしく證明しようとする、という無意味の矛盾を押し通している。

ところで論理的研究はその歷史的發展において一度そして全く誠實にそのような成果に到達した。しかもそれはイマヌエル・カントの有名な『理性批判』によってである。我々の狡い非開化主義者達はそこへ行き、この著作が世界眞理の開明への偉大な寄與によって得た名聲を利用し、その權威に依存して、解明をカントの立場以上に出させないようにする。

カントは、眞理は、それをもって我々が眞理を研究する頭腦と同じように、一般的に經驗的であることを非常にはっきりさせた。彼は、我々の眼と耳が精神及び世界眞理全體と不可分に連關していることを、疑いの餘地なく指摘した。しかし、度外れの頑固な精神、或は同じことであるが、度外れの精神に對する傳統的な信仰が彼を迷わせて、人間精神の外或は上で、世界眞理の外或は上で、不可解な巨大精神及び空想的な超眞理に神祕的存在を與えさせた。

カントの理性批判は眞理の普遍性を認めなかった。それは尙統一のない二つの世界と二つの眞理とを設定した。そして、惡事を起すのは、惡い行爲の呪いであるように、そこから二つの知性が生ずる。一、人間の貧しい小さい家來の悟性、及び、二、法外にして異常な「主人」の精神、これは不可解なものを理解し、最も無意味な矛盾を榛の實のようにぽっかり割るべきものである。

この二つの精神の相剋を說く學說に含まれている異常な謙遜の不合理であることは、宇宙であるところの眞理、宇宙的世界眞理或は普遍眞理によって、お前に認識されるだろう。確かに哲學者カントは、ペーター・ジムペル〔愚直の人の意〕より高い知性を持っていた。しかしすべての精神は一般的精神という性質を持っていて、いかなる理智もその下に下ることはなく、いかなる理智も、その名前を、すなわちその意味するところを失うことなしに、その上へ出ることはない。經驗によって知られる人間の思惟能力としての、他の、高次の思惟能力については、論理學から出て無意味の場所へ落込むことなしに、語ることさえ出來ない。疑いもなく動物は知性に近いものを持っている。疑いもなく動物の精神は人間の精神から、特殊の名前、例えば「本能」によって、區別されることが出來る。疑いもなく我々の理性は世代から世代へと文化によって高められる。しかし、いつか何處かに、世界連關の外に概念能力が存在するということ——これは全く無意味な概念及び不可解な事柄である。すべての水が一つの性質を、謬った性質を持つことが必然的であるように、各〻の理智及び各〻の思想は、必然的に普遍的な思想の性質を持ち、そして合理的に、一つの・普通の・經驗的な・世界の一部分・一定の部分でなければならない。

譯者註

人間の頭腦活動の本質

（一）『資本論』第一卷第四　第十三章第九節、向坂逸郎譯（『岩波文庫』）第三分册、三〇三頁。

（二）リービッヒ Justus von Liebig（1803—73）ドイツの化學者、有機化學の父祖、柏木肇譯『化學通信』（『岩波文庫』）Chemische Briefe, 1844〕、田中實著『化學者リービッヒ』（岩波新書）。

（三）フンボルト Alexander von Humboldt（1769—1859）。Karl Wilhelm von Humboldt の弟、ドイツの地理學者、近世地理學の祖、『宇宙』（Kosmos, 5 Bde., 1845—62）。

（四）ハイム Rudolf Haym（1821—1901）ドイツの文學者、哲學者、『ヘーゲルとその時代』（Hegel und seine Zeit, 1857）。

（五）フォイエルバッハ Ludwig Andreas Feuerbach（1804—72）ドイツの唯物論者、ヘーゲル學派左黨の代表者。佐野文夫譯『ヘーゲル哲學の批判』、植村晋六譯『將來の哲學の根本命題』、船山信一譯『キリスト敎の本質』（何れも『岩波文庫』）。

「私の哲學は哲學ではない。」"Keine Religion,—ist meine Religion; keine Philosophie,—meine Philosophie." (Philosophische Fragmente. Sämtliche Werke hg. von W. Bolin u. F. Jodl, Bd. Ⅱ., S. 391.)

（六）リヒテンベルクの小刀 Georg Christoph Lichtenberg（1742—99）が "Verm. Schriften"（1800—06）の中で

云 た言葉、"Ein Messer ohne Klinge, bei dem der Stiel fehlt." 意味は「無意味のもの」(Unding)のこと。

(七)『舊約聖書』「傳道之書」第一章九・十節、「さきに有し物はまた後にあるべし、さきに成し事はまた後に成べし、日の下には新しき者あらざるなり、見よ是は新しき者なりと指て言べき物ありや、其は我等の前にありし世々に既に久しくありたる者なり」

(八) シラーの詩『希望』(Hoffnung)の一節、

Die Welt wird alt und wird wieder jung,
Doch der Mensch hofft immer Verbesserung,
人の世は年老いまた幾度か若返るが、
人間はいつまでもより良くなることを望む。(野上巖・大野敏英共譯)。

(九) シュライデン Matthias Jakob Schleiden (1804—81) ドイツの植物學者。

(一〇) ベッセル Friedrich Wilhelm Bessel (1784—1846) ドイツの天文學者、數學者。

(一一) シラーの詩『逍遥吟』(Der Spaziergang)の一節。

Sucht das vertraute Gesetz in des Zufalls grausenden Wundern,
Sucht den ruhenden Pol in der Erscheinungen Flucht.
偶然のさまざまなる恐ろしき不思議の裡に普遍の法則を求め、
現象の怱忙裡に搖らざる極を探求するなり。(野上巖・大野敏英共譯)。

(一二) メートラー Johann Heinrich von Mädler (1794—1874) ドイツの天文學者。

(一三) ビュヒナー Ludwig Büchner (1824—99) ドイツの唯物論者、醫師、『力と質料』(Kraft und Stoff, 1855)『自然と精神』(Natur und Geist, 1857)。

(一四)『舊約聖書』「出エジプト記」第二〇章一三節、「汝殺すなかれ」。

（一五）マコーレー Thomas Babington Macaulay (1800—59) イギリスの歴史家、政治家、『英國史』(History of England from the Accession of James Ⅱ., 4 vols., 1848—55)。

（一六）『舊約聖書』「レビ記」第二四章一九・二〇節、「人もしその隣人に傷損をつけなばそのなせし如く自己もせらるべし、すなわち挫は挫、目は目、齒は齒をもて償ふべし、人に傷損をつけしごとく自己も然せらるべきなり。」

（一七）『新約聖書』「マタイ傳」第五章三八・三九・四〇節、「目には目を、齒には齒を、と云へることあるを汝ら聞けり。されど我は汝らに告ぐ、惡しき者に抵抗ふな。人もし右の頰をうたば左をも向けよ。なんぢを訟へて下衣を取らんとする者には、上衣をも取らせよ。」

（一八）クリスピーヌス Crispinus 聖者、殉敎者の名前、靴屋の守護神となっている、ディオクレティアヌス帝のとき、ローマからソアソンへ逃げ、そこで靴屋を生業としていたと云われる。

（一九）『舊約聖書』「出エジプト記」第二〇章一五節、「汝盜むなかれ」。

（二〇）ティエール Louis Adolfe Thiers (1794—1877) フランス現共和政治最初の大統領、『フランス革命史』(Histoire de la Révolution Française, 6 tomes, 1823—26)

論理學に關する手紙

（一）プットリッツ Gustav Putlitz (1821—90) ドイツの詩人、小說家。

（二）レッシング Gotthold Ephraim Lessing (1729—81) ドイツの詩人、戲曲家、批評家。ドイツ國民文學の開祖。大庭米治郞譯『賢者ナータン』(『岩波文庫』)

（三）ピラトス Pilatos〔希〕Pontius Pilatus〔拉〕イエスの宣敎時代にローマ政府から遣されてユダヤの總督（二六—三六年）であった人。（ルカ傳、三章一、マルコ傳、一五章一、マタイ傳、二七章二、等）ピラトスの問答。ピラトス、イエスに問ふ、「眞理とは何ぞや。」イエス答え給ふ、「余が眞理なり。」

(四) ヘルダー Johann Gottfried Keller (1744—1803) ドイツの文筆家、思想家。彼の哲學、宗教に關する思想は人間主義の一語に盡きる。

(五) フンボルト Wilhelm von Humboldt (1767—1835) プロシアの學者、政治家。言語學者としては比較言語學上に重きをなし特に "Über die Verschiedenheit d. menschlichen Sprachbaues und ihren Einfluss auf die geistige Entwicklung des Menschengeschlechts" (1836 は名高い。

(六) ミュラー Max Müller (1823—1900) イギリス歸化のドイツの東洋學者、宗敎學者、言語學者、比較言語學ではインド語系と歐洲語系との同祖であることを論證した。

(七) シュタインタール Heymann Steinthal (1823—99) ドイツの言語學者、心理學者、倫理學者。中國語を研究した。

(八) バビロニアの塔『舊約聖書』創世紀第十一章。

(九) バール崇拜者 バールはバビロニアやフェニキアの神、日の神。(『舊約聖書』列王紀略、上、一八、一九、以下) その神のまつりは淫祠邪敎であったと云われる。

解　説

ディーツゲンと云えば、今の人にとっては餘り親しい名前ではないかも知れない。しかし、大正の末葉から昭和の初頭にかけて、山川均氏や石川準十郎氏の譯によって隨分讀まれたものである。今日でも三浦つとむ氏はディーツゲンを高く評價している（『辯證法いかに學ぶべきか』）。それはとにかくとして、ディーツゲンは普通の哲學史においては殆んど無視されているが、もっと重んぜられていい人である。そういう歴史的意義だけでなく、今の日本にとっての現代的意義をも持っていると思われる。特に、マルクス・エンゲルスとの關連において、彼を正しく評價することは必要である。

ヨーゼフ・ディーツゲンは一八二八年十二月九日、ケルンの近くのブランケンベルクで生れた。ブランケンベルクは、森や葡萄畑で蔽われた高地にあり、その麓のところをラインの支流のジーク河が美しい線を描いて流れていた。ヨーゼフは五人兄妹の長男であり、半年ほどラテン語學校へ行ったことはあるが、殆んど高等教育は受けなかった。

一八四五――四九年、彼は父の鞣革工場で働いたが、彼の側にはいつも書物がひろげられてあった。彼は文學、經濟學、哲學を勉强した。また、フランス語を獨學によって學び、ギムナジウムのフランス語の教師より上手にフランス語の會話ができたということである。一八四七――五一年にはいくつかの詩を作り、それが今日も殘っている。

彼はフランスの經濟學を研究することによって、早くから社會主義に引かれていたが、マルクス・エンゲルスの『共產黨宣言』は彼を階級意識を持った社會主義者にした。一八四八年には革命運動に參加し、街頭で臺の上に登って村人達に獅子吼したこともある。

次いで反動時代が來たので、四九年六月彼はアメリカへ渡った。滯米二年間、彼はときどき鞣革工、ペンキ師、敎師等をしたが、多くは日傭勞働者として各地を渡り歩いた。彼の足跡は、北はウィスコンシンから南はメキシコ灣まで、東はハドソンから西はミシシッピーまで及んでいる。

一八五一年十二月彼はドイツに歸り、再び父の工場で働いた。二年後彼は或る宗敎心の深い婦人と結婚したが、彼女は七七年に死ぬまで、彼に喜びと慰めを與えた。彼女は熱心なカトリック信者であり、彼は自由思想家であり、社會民主主義者であって、兩人の思想傾向は全く異るのであるが、兩人の生活は珍しい程「和解と信頼」に充ちたものであった。

彼は結婚後間もなく、ヴィンターシャイトで、雜貨店、パン燒所、鞣革工場を兼業で商賣をはじめた。この商賣は繁昌して、間もなく近村に支店を出すほどになった。そして、彼はいつもそうであったが、一日の半分を商賣に費し、後の半分で熱心に學問を研究した。

一八五九年、早く經濟的獨立をえて、學問研究に專一になろうとして、再びアメリカに渡り、もっと收益のある仕事をしようとした。ところが、間もなく南北戰爭が勃發して、アメリカにとどまれなくなったので、六一年再びラインへ歸り、父の工場で働いた。

一八六四年、彼はロシア政府に傭われ、ペテルスブルクの官營製革所の監督になり、生產方法を改善して、工場の能率を五倍にした。しかし六九年、またラインに歸り、人口八千のジークブルクで製革所を開いた。その後、彼はもう一度ペテルスブルクを尋ねたことがある。

彼はロシアに滯在中『人間の頭腦活動の本質』(Das Wesen der menschlichen Kopfarbeit, dargestellt von einem Handarbeiter. Eine abermalige Kritik der reinen und praktischen Vernunft.) を書いた。この書物は一八九六年ハンブルグで出版された。

なお、彼はペテルスブルクでマルクスの『資本論』に關する論文を書き、六八年ライプチッヒの週刊紙に掲載された。マルクスは『資本論』第一卷の第二版への序文において(一八七三年)、ディーツゲンの經濟學上の見解を稱揚している。マルクスは一八七五年九月彼をジークブルクに訪問した。

彼の考え方に大きい影響を及ぼしたもう一人の友人は、ルートヴィヒ・フォイエルバッハであって、兩人の間には文通が行われていた。一八七二年、フォイエルバッハの死と晩年の貧窮とが知らされたとき、彼は深く悲しんだ。「父が泣くのを見たのは、このときがはじめてであった。」と息子のオイゲンは書いている。

ジークブルクの時代には、比較的學問研究に專心することはできたが、商賣の方は香しくなかった。當時發達して來た大工業に壓迫されざるをえなかった。この頃一度デンマークへ行き、同志から經濟的援助をえようとしたが失敗した。

一八七八年、ヘーデル及びノビリングのドイツ皇帝暗殺騷ぎのとき、彼は逮捕されて、三ヵ月間投獄された。それは、彼がケルンで「社會民主主義の將來」と題する演說をしたからである。

一八六九――八四年、ジークブルク滯在中、彼は經濟學及び哲學に關する多くの論文を書き、新聞雜誌に發表した。一八七二年九月の國際勞働者協會第五回大會に彼は委員として參加したが、その場でマルクスは彼を「我々の哲學者」(Das ist unser Philosoph.) として紹介した。八一年、彼は無理に、ライプチッヒからドイツ連邦議會議員の候補者に推されたが、落選した。

一八八四年、彼は三度びアメリカに渡り、ニューヨークで社會黨の機關紙『社會主義者』の主筆になった。八六年、子供達と一緒にシカゴに移った。この年彼はシカゴで『或る社會主義者の認識論の領域への侵入』(Streifzüge eines Sozialisten in das Gebiet der Erkenntnistheorie) を書き、翌年チューリッヒで出版された。八七年、『哲學の實果』(Acquisit der Philosophie) を公にした。『頭腦活動』とこれとが彼の主著である。八六年、シカゴ無政府黨事件で『シカゴ勞働者新聞』の主筆が逮捕されたとき、彼は一時その主筆を引受け、死ぬまでこの新聞に協力を惜しまなかった。

彼が死んだのは一八八八年四月十五日であった。この晴れた日曜日の朝、彼は息子のオイゲンと一緒に新綠の美しいリンカーン公園を散步し、上機嫌で家へ歸った。そしていかにも美味しそうに晝食をしたためた。ところが、食後のコーヒーを飮んだところへ、息子の知人が尋ねて來た。

そのため、彼はいつも晝食後三十分横になる習慣であったが、この日は休まずにそのままシガーに火をつけ、息子と知人との社會問題に關する議論に參加した。そして珍しく興奮して、自分は既に四十年前今日の勞働運動を豫見していたこと、近い將來に資本主義の沒落を期待できること、を力強く主張した。このとき突然彼は手をあげたまま動かなくなった。そして最後の息をすると、意識を失って、椅子から息子の腕の中へ倒れた。二分後、心臟痲痺は彼を死へ連れ去った。

一八八八年四月十七日、彼の遺骸はシカゴの無政府黨殉難者の墓所に、極めて質素に葬られた。

ディーツゲンの思想に關して、本文を讀まれれば明かであるが、『世界思想辭典』(河出書房)はこの書の內容を次のように紹介している。「彼の哲學上の處女作にして主著。本書において彼にはじめて辯證法的な唯物論を發表した。彼の唯物論はフォイエルバッハの直接的影響を受けており、彼の辯證法はむしろ獨力で發展されたものとみられている。本書には『純粹理性および實踐理性の再批判』という副題がついており、唯物論的認識論と唯物論的道德論とが展開されている。著者はまず序文において哲學の階級性に言及し、支配階級は彼らの階級的利害のために、一般的理性の要求を承認することを妨げられているに對し、『純粹』人を代表する勞働者階級の利害は單に階級的なものではなく人類的なものであり、したがって勞働者階級こそ理性の眞實の代表者であるという。更に第2章に至ると、思惟は腦髓の一機能であり、腦髓の一所產である等々の唯物論の根本原則が述べられると同時に、物自體と現象との辯證法的統一が説かれている。第

5章においては道徳の階級性について述べられ、手段と目的との辯證法的な相關關係が明らかにされるとともに、一般的なものを特殊的なものから發展せしむるのが理性の任務であること、普遍的目的は人類の福祉であることが明らかにされる。レーニンもいう如く、彼の表現の仕方はしばしば不確かで、また彼はしばしば混亂におちいってはいるが、それにも拘らず彼は確かに辯證法的唯物論者であった。本書が書かれた當時、マルクスは彼の原稿について次のようにいった。『そこには多少の混亂や少なからざる重複はあるにしても、なお多くの優れた點や、一勞働者が獨力で仕上げたものとしては、驚嘆に値いするものさえある』*と。

＊ 一八六八年十二月五日のクーゲルマンへの手紙。

先ずディーツゲンはヘーゲル等の思辨哲學にきびしく反對する。例えば、ヘーゲルは次のように云っている。「概念は眞に最初のものであり、さまざまの事物は、それらに內在し、それらのうちで自己を啓示する概念の活動によって、現にそれらがあるような姿を持っているのである。神は世界を無から創造したとか、或は世界及び有限な諸事物は神の豐かな思想と意志とから生じたとか言われるのは、このことを宗教的に言い現したものである。そしてそれは、思想が、もっとはっきり言えば、概念が、無限の形式、すなわち自由な、創造的な活動であって、自己を實現するのに、自己の外に存在する材料を必要としないことを認めているのである。」（松村一人譯『小論理學、下卷』・一三〇頁・『岩波文庫』）ディーツゲンはこれと正反對のことを繰返し繰返し說いている。

ディーツゲンはヘーゲルの思辨哲學を棄て去ることによって、むしろカントに接近したと思われる。勿論ディーツゲンはカントそのままを受けつぐのではなく、カントを批判してはいるが、批判することによって、却ってその影響を受けたようである。「純粋理性及び實踐理性の再批判」という副題もカントを頭においたものであろう。ディーツゲンはカントの意味する物自體及びアプリオリを否定するが、その唯物論的側面を受けついでいる。ディーツゲンの考え方にはカント的な點が多い。結局は辯證法的唯物論がその立場になっているにしても、この書で展開されている論理のはこび方には形式論理學的な側面が現れている。カントの考え方が自然科學的であるのと同じように、ディーツゲンは、科學は自然科學であると考え、その考え方も自然科學的である。この邊りにカントとディーツゲンとの親近性があり、ディーツゲンのカント的側面を見失ってはならない。

ディーツゲンの考え方は全體として社會科學的よりも自然科學的ではあるが、道德等の社會問題をも取扱っている。社會問題に對しては階級性を見ており、マルクス主義的である。この點では、フォイエルバッハのように、觀念論に陷ることなく、フォイエルバッハを乘り越えている。要するに、ディーツゲンは、ヘーゲルを棄て、カントの唯物論的側面を受けついで發展させ、フォイエルバッハを乘り越え、辯證法的唯物論に到達したということができる。

ディーツゲンは屢〻觀念論と唯物論とを對立させ、兩者を共に批判している。この場合、觀念論はヘーゲル等の思辨哲學を、唯物論はビュヒナー等の俗流唯物論を指している。思辨哲學と俗流唯物論とが歴史的に彼に與えられたものであり、彼はこの兩者の矛盾對立という精神的狀況にあったわけである。そしてこの矛盾を統一するものとしての辯證法的唯物論の立場をとった。もっとも、彼には精神と物質とを表裏一體と考えている點もあり、そこからスピノザ的とか一元論的とか評される。そういう側面も彼の考えの中にはある。そこに多少の混亂はあるが、根本の立場は唯物論である。

マルクス・エンゲルスもレーニンもディーツゲンを高く評價している。エンゲルスは『フォイエルバッハ論』において次のように云っている。「ところでこの唯物論的辯證法は、すでに幾年も吾々のもっともよい勞働手段であり、我々のもっとも鋭利な武器であったが、これが、注目すべきことには、我々によって發見されたばかりでなく、そのほかになお、我々とは獨立に、いなヘーゲルとさえも獨立に、ドイツの一勞働者ヨゼフ・ディーツゲンによっても發見されたのであった。」(『マル・エン選集』第十五巻下、四八三頁)

レーニンは『唯物論と經驗批判論』でディーツゲンに觸れている。レーニンは、ディーツゲンは辯證法的唯物論者であるが、表現の仕方が屢〻不正確であり、混亂に陷っているので、マッハ主義者達はこの混亂にすがりついた、と云っている。そして特に「第四章、八、何如にJ・ディーツゲンは反動的哲學者の氣に入ることができたか？」(佐野文夫譯・中巻一七四頁以下・『岩波文庫』)においてマッハ主義者達を批判している。

ディーツゲンにも混亂があり、例えば次のように云っている。「我々は思惟と存在とを區別する。我々は感覺的對象とその精神的概念とを區別する。それにも拘らず、非感覺的表象も亦感覺的・物質的であり、すなわち現實的である。」「机、光、音が相互に區別されるより以上に、精神がこれらの事物から區別されるものではない。」これは表現の不正確なところであるが、マッハ主義者たちはそこにすがりつき、はっきりした唯物論命題については沈默を守る。「わが深慮あるマッハ主義者たちは、J・ディーツゲンの唯物論的認識論の個々の命題をそれぞれ究明することは避けてゐて、ディーツゲンがこの認識論から背離してゐるところ、分明を缺いた點や混亂したところに、からみついてゐる。J・ディーツゲンが反動的哲學者の氣に入ることができたのは、彼れがそこかしこで混亂してゐるためだ。混亂のあるところ、そこにはまたマッハ主義者がゐる、それはもとより自明のことだ。」ディーツゲンは九割まで唯物論者で、マッハ主義者達は後の一割にすがりつき、これを反動の方へ導いている。「今こそワレンチーノフ氏一同は、マルクスがディーツゲンのうちにかりにも混亂と呼んだものは、カントから唯物論には行かないで、バークレイとヒュームに行ったそのマッハに、ディーツゲンを近づけるその點だけだということを、思ひつかないだらうか？」

レーニンはこのようにディーツゲンを評價し、マッハ主義者達を批判している。

さて、ディーツゲンは、歴史的には、十九世紀の俗流唯物論の中にあって、獨力で辯證法的唯物論を打ち建てた點において評價されるべきである。そうみれば、哲學思想史においても高い位置を與えられなければならない。

しかし、それだけではなく、ディーツゲンは現代的意義をも持っている。それはディーツゲンの讀み方にも關係する問題である。マルクス――ディーツゲン――マッハの方向は逆コースである。今の日本で、「原始マルクス主義」等と稱する人達は逆コースの道を歩んでいる。このコースへディーツゲンを乘せてはならない。ディーツゲンにある一割の觀念論を度外れに擴大するのは、反ディーツゲン的である。こういう讀み方をする危險は多分にある。ディーツゲン――マルクス――レーニンというのが前向きのコースである。

更に、唯物論の習得のために、ディーツゲンは適當な手引きを與えるであろう。特に、マルクス・エンゲルスの著作に近寄り難い感じを抱く人達、教程の類を讀む氣がしない人達、にはディーツゲンの著作は適當な唯物論への入門書となるであろう。今の日本では極端な思辨哲學であるところの實存哲學が盛んである。ディーツゲンの思辨哲學批判が顧みられていい所以である。

なお、ディーツゲンの邦譯には、『改造文庫』に『辯證法的唯物觀』の外に、石川準十郎譯『マルキシズム認識論』(一社會主義者の認識論の領域への侵入)及び山川均譯『哲學の實果』がある。參考書では、"Joseph Dietzgens Philosophische Lehren von Adolf Hepner" (Band 58 der Internationalen Bibliothek) があるが、譯者も未見である。

人間《にんげん》の頭脳活動《ずのうかつどう》の本質《ほんしつ》 他一篇　ディーツゲン著

1952年11月5日　第1刷発行
2016年2月23日　第3刷発行

訳　者　小松摂郎《こまつせつろう》

発行者　岡本　厚

発行所　株式会社 岩波書店
〒101-8002 東京都千代田区一ツ橋 2-5-5
案内 03-5210-4000　販売部 03-5210-4111
文庫編集部 03-5210-4051
http://www.iwanami.co.jp/

印刷・理想社　カバー・精興社　製本・中永製本

ISBN4-00-336771-5　Printed in Japan

読書子に寄す

──岩波文庫発刊に際して──

岩波茂雄

真理は万人によって求められることを自ら欲し、芸術は万人によって愛されることを自ら望む。かつては民を愚昧ならしめるために学芸が最も狭き堂宇に閉鎖されたことがあった。今や知識と美とを特権階級の独占より奪い返すことはつねに進取的なる民衆の切実なる要求である。岩波文庫はこの要求に応じそれに励まされて生まれた。それは生命ある不朽の書を少数者の書斎と研究室とより解放して街頭にくまなく立たしめ民衆に伍せしめるであろう。近時大量生産予約出版の流行を見る。その広告宣伝の狂態はしばらくおくも、後代にのこすと誇称する全集がその編集に万全の用意をなしたるか。千古の典籍の翻訳企図に敬虔の態度を欠かざりしか。さらに分売を許さず読者を繫縛して数十冊を強うるがごとき、はたしてその揚言する学芸解放のゆえんなりや。吾人は天下の名士の声に和してこれを推挙するに躊躇するものである。このときにあたって、岩波書店は自己の責務のいよいよ重大なるを思い、従来の方針の徹底を期するため、すでに十数年以前より志して来た計画を慎重審議この際断然実行することにした。吾人は範をかのレクラム文庫にとり、古今東西にわたって文芸・哲学・社会科学・自然科学等種類のいかんを問わず、いやしくも万人の必読すべき真に古典的価値ある書をきわめて簡易なる形式において逐次刊行し、あらゆる人間に須要なる生活向上の資料、生活批判の原理を提供せんと欲する。この文庫は予約出版の方法を排したるがゆえに、読者は自己の欲する時に自己の欲する書物を各個に自由に選択することができる。携帯に便にして価格の低きを最主とするがゆえに、外観を顧みざるも内容に至っては厳選最も力を尽くし、従来の岩波出版物の特色をますます発揮せしめようとする。この計画たるや世間の一時の投機的なるものと異なり、永遠の事業として吾人は微力を傾倒し、あらゆる犠牲を忍んで今後永久に継続発展せしめ、もって文庫の使命を遺憾なく果たさしめることを期する。芸術を愛し知識を求むる士の自ら進んでこの挙に参加し、希望と忠言とを寄せられることは吾人の熱望するところである。その性質上経済的には最も困難多きこの事業にあえて当たらんとする吾人の志を諒として、その達成のため世の読書子とのうるわしき共同を期待する。

昭和二年七月